MILAGRO DE MARIA

JACK HAYFORD

EDITORIAL
UNILIT

Publicado por
Editorial **Unilit**
Miami, Fl. U.S.A
Derechos reservados

Primera edición 1996

© 1994 por Jack W. Hayford
Publicado en inglés con el título *The Mary Miracle*
por Regal Books, A Division of Gospel Light Publications
Ventura, CA. U.S.A

Traducido al español por: Nellyda Pablovsky

Citas Bíblicas tomadas de la versión Reina Valera, Revisión 1960
© Sociedades Bíblicas Unidas, y
La Biblia de las Americas (BLA)
© 1986 The Lockman Foundation
Usadas con permiso

Producto 497456
ISBN 0-7899-0015-7
Impreso en Colombia
Printed in Colombia

Contenido

*P*rimera parte
La idea de la encarnación

1. Una clase de maravilla atemporal

Donde la vida o el amor, la esperanza o la fuerza, la promesa o la paciencia han desaparecido —o nunca estuvieron presentes en absoluto— Dios viene a ofrecer el milagro de María.

2. Una voz en que puedes confiar

Hay una pureza y claridad, en la llamada del Espíritu Santo a nosotros, que podemos aprender a reconocer y confiar.

3. El milagro del manantial

La promesa redentora de Dios fue llevada *a* María para crecer *en* ella, ser entregada *a través* de ella [y] cambiar el mundo *alrededor* de ella.

Segunda parte
La doncella y el milagro

❧

4. Trata de pintar la mediocridad

El milagro de María le sucedió a una pecadora común y corriente, de una ciudad común y corriente, para establecer esta lección para todos los que aprenden: Nada es imposible donde vives, no importa quien seas.

5. Asombrada en la presencia

Como persona gozosamente bienaventurada, María cantó del Dios cuya gracia milagrosa está a disposición de todos nosotros, y ella nos convoca hoy a estar abiertos a Él como ella lo estuvo.

6. El asunto de la inocencia

La «señal de la virginidad» fue absoluta, siendo exigida por Dios para indicar su intervención divina.

7. **San Teodoro**

   Ted se sentía cualquier cosa menos santo y todavía menos como candidato a creer que Dios podría hacer todo a través de él: ahora o nunca.

Tercera parte
La forma en que los milagros ocurren

8. **Las cosas que dicen los ángeles**

   Las cosas que dicen los ángeles nos dan indicios de la manera de pensar de Dios cuando Él nos llama al plan que Él se ha propuesto para nuestras vidas.

9. **¿En qué mundo?**

   El milagro de María no nos invita solamente a creer que Dios está listo para obrar maravillas en y por medio de nosotros, sino que también nos muestra exactamente cómo esto puede ocurrir.

Cuarta parte
Aprendiendo a crecer con un milagro

10. **Tener un bebé te agrandará**

    ¡La obra expansiva del Espíritu Santo —el nuevo poder que trae vida nueva— puede y quiere cambiar, inevitablemente, tu forma para siempre!

11. Cuando vuelves a estar sola

Cuando una «especie» del milagro de María empieza en uno de nosotros, con toda seguridad, llegará la hora en que sintamos que volvemos a estar solos; cuando la presencia, el calor y la verdad del Espíritu que vivificaron la promesa de la Palabra de Dios para nuestros espíritus parecen pasados hace mucho, hasta sujetos a dudas.

12. Sobre el «estilo de María» para manejar los milagros

Si aceptamos un «embarazo» en el propósito de Dios para nuestras vidas, tendremos que recordar el «estilo de María» para sobrellevarlo.

13. Hay alguien en el teléfono

En el medio de una conversación más bien cotidiana, pareció que el amor de Dios había entrado para formular un anuncio.

Preguntas para pensar

Notas

Prefacio

Y María dijo:

«Engrandece mi alma al Señor;
y mi espíritu se regocija en Dios mi Salvador.
  Porque ha mirado la bajeza de su sierva;
pues he aquí, desde ahora
me dirán bienaventurada todas las generaciones.
  Porque me ha hecho grandes cosas el Poderoso;
Santo es su nombre, y su misericordia
es de generación en generación
a los que le temen.
  Hizo proezas con su brazo;
esparció a los soberbios
en el pensamiento de sus corazones.
  Quitó de los tronos a los poderosos,
y exaltó a los humildes.

A los hambrientos colmó de bienes,
y a los ricos envió vacíos.
  Socorrió a Israel su siervo,
acordándose de la misericordia
de la cual habló a nuestros padres,
para con Abraham y su descendencia para siempre.»

Lucas 1:46-55

Introducción

Las palabras «estoy embarazada» nunca dejan de llamar la atención.

Como marido y padre las he oído muchas veces: cuatro veces dichas por mi esposa, y a la fecha ocho veces en total de parte de nuestros hijos, a medida que se han ido agregando los nietos a la familia. Todas las veces que oímos esas palabras fueron ocasiones felices.

Sin embargo, a veces se dice «estoy embarazada» en otras formas:

- Con miedo debido a las incertidumbres, desde el tiempo de vida de la madre hasta la cuestión de la adecuación financiera de la familia.

- Con rabia porque la relación que ocasiona el embarazo es insegura para algunas mujeres, y la probabilidad de ser abandonada y tener que enfrentarse a todo sola es indignante y amargante.

Desde el gozo a la culpa, o desde el «feliz de estar» al «¿qué me va a pasar?» el espectro completo de las emociones rodea al tema del embarazo.

El embarazo es la analogía final. Todo en la vida es «cómo». Todo empieza en la vida, como en el embarazo, con una posibilidad y procede a una realidad. El patrón desde-la-concepción-al-parto está arraigado en los cimientos fundacionales del orden operativo de las cosas de Dios. Y la vida siempre es un milagro.

Por eso he escrito este librito. Porque quiero señalar el camino a la vida en su nivel más profundo, pleno y rico: en su nivel de milagro.

Para ver más claramente las posibilidades del milagro de la vida, apuntaré al embarazo más increíble e importante de la historia: el de María. Sin embargo, no te equivoques pensando que este es un libro solamente para mujeres o sobre bebés. Este es un libro para todos los géneros en su practicidad. Es un libro para los creyentes, proféticamente.

Y un libro muy para ti, personalmente.

Te invito a que viajemos al pueblo inhóspito y nada invitador llamado Nazaret, y a que revisemos cómo Dios puede traer vida en los escenarios más estériles, e insuflar esperanza en las situaciones menos promisorias.

La historia que examinamos es demasiado bien conocida. Ha sido leída en tantas Navidades que las semillas de la maravilla que contiene han caído en oídos que solamente oyen el milagro de *su* nacimiento. Pero la verdad mayor es que Él, efectivamente, vino a dar nacimiento a los milagros en todos nosotros, como estilo de vida.

Así que, ven conmigo a las colinas de Galilea; no es una subida larga. Y pienso que puedes hallar que tu visión del mañana puede cambiar desde allá.

Esperanzadamente,

Jack Hayford
La Iglesia del Camino
Van Nuys, California

Primera parte

La idea de la encarnación

Al sexto mes el ángel Gabriel fue enviado por Dios a una ciudad de Galilea, llamada Nazaret, a una virgen desposada con un varón que se llamaba José, de la casa de David; y el nombre de la virgen era María.

Lucas 1:26-27.

Puede parecer brusco, pero la Encarnación tiene que ver con gente que «queda embarazada», esperando más de lo que hubieran soñado, abriéndose a posibilidades que nunca podrían concretar por sí mismos.

Capítulo 1

Una clase de maravilla atemporal

Empezó cuando Phil quedó embarazada. Probablemente ese fue el momento en que Dios empezó a sacar grandeza de la basura.

El embarazo de Ted llegó a término cuando él decidió enfrentarse con el aborto que había pagado a la compañera de universidad con que había estado.

El mío empezó en un automóvil, yendo por la carretera; y Dios habló.

Hacedor de milagros aun hoy

Las palabras de las frases iniciales no contienen errores. No dejes que las referencias al sexo te

impacten. «¿Tres hombres? ¿Embarazados?» Pues
eso es lo que pasa cuando el «milagro de María»
toca a cualquier persona. Es tan igualmente probable que le pase a un hombre como a una mujer,
como lo aprendí hace más de veinte Navidades. El
cielo sigue esperando para derramar promesas a los
lugares más improbables de la tierra.

El Dios que escogió a una niña virgen como
vector por el cual Él daría milagrosamente su mayor regalo a la humanidad, sigue obrando hoy esa
clase de milagro «María». Esto quiere decir: lo que
el Poderoso hizo entonces en el ámbito físico —biológico— engendrando sobrenaturalmente vida,
promesa y esperanza donde nada existía, Él está
completamente listo y es capaz para hacerlo ahora,
virtualmente, en todo ámbito.

Él hace esta misma clase de cosa hoy; en los
matrimonios, en los negocios, en los corazones, en
las mentes y almas. Donde la vida o el amor, la
esperanza o la fuerza, la promesa o la paciencia han
desaparecido —o nunca estuvieron presentes en
absoluto— Dios viene a ofrecer el milagro de María. Es una clase atemporal de maravilla que aún
sigue siendo hecha por nuestro inmutable Padre
celestial.

No es místico, aunque sí milagroso. Esa es probablemente la parte más difícil de explicar, debido a
que nuestra disposición humana es volver la inminente disponibilidad de Dios para nosotros en una
lejana improbabilidad. La mayoría de la gente que
conozco cree que Él está por allá, en alguna parte,
pero difícilmente aquí —ahora— para ellos. Dema-
siados piensan que el milagro de María es solamente

para las «santas marías», por lo que los hombres y mujeres racionales tienden a concluir que aunque haya más de una Santa María, «¡ciertamente yo no satisfago los requisitos!»

«¿Yo, candidato para que Dios me haga un visita? ¿Que el Todopoderoso me ofrezca la promesa de cosas que siento están totalmente fuera del ámbito de la probabilidad, si es que no de la posibilidad?»

Pero yo escribo precisamente a esa clase de persona: al pensador que cavila si Dios es así de directo, personal o listo para visitarlo. Y la respuesta es sí: ¡a ti! A pesar de nuestra finitud, nuestra falibilidad y nuestros miedos, tú y yo somos candidatos para tal visita, porque satisfacer los requisitos para el milagro de María no exige una bondad autorrealizada. Solamente se nos pide que estemos abiertos a la gracia asignada por Dios.

El milagro de María nos pide a todos a que volvamos a un momento en que la eternidad penetró al tiempo con el poder que puede cambiar todos nuestros días y horas, nuestras vidas: pasadas, presentes y futuras. Ese increíble encuentro —cuando una doncella judía llamada María se encontró con la gracia divina, en un polvoriento pueblo llamado Nazaret hace dos mil años— expuso algo más que la Encarnación del Salvador del mundo.

El milagro de María abre la promesa —sin duda, la vía— para que Dios encarne su bondadoso propósito y poder en la experiencia de todo aquel que se abra al mismo orden de milagros. Debido a que Dios no hace acepción de personas, muestra lo que Él puede hacer en algunas vidas, como una muestra de lo que Él puede hacer en todas las vidas. Él hace estas aparentemente «maravillas ocasionales», no para apropiarse de nuestras esperanzas sino para fomentarlas. Así que, en María, Él dio realidad a la esperanza definitiva: Jesús, y al hacer eso apuntó no sólo al camino de la salvación sino también a las posibilidades de «Cristo en vosotros, la esperanza de gloria».

Ese «orden de milagro», ese género, dimensión o tipo llamado el «milagro de María», no es definido únicamente por la asombrosa realidad *física* de la concepción sobrenatural que tuvo María. Porque aun entonces el milagro no fue *solamente* físico. Más allá de ese suceso biológicamente trascendente, en que un niño real fue engendrado dentro de un útero virgen por el poder creador de la Palabra declarada de Dios, el cielo bajó a nosotros. El cielo vino a tocar tu mundo y el mío, como también el de María. No sólo en las formas amplias y arrolladoras que habitualmente concedemos cuando afirmamos apropiadamente la belleza del hecho: «Porque de tal manera amó Dios al mundo, que ha dado a su Hijo unigénito, para que todo aquel que en él cree, no se pierda, mas tenga vida eterna».

Pero con y más allá de tan grande salvación, en las formas más personales e íntimas, el milagro de María sostiene el potencial prometido de la entrada al cielo en todas las circunstancias de nuestra vida: las tuyas y las mías.

Quiero hacer hincapié en este precioso punto: ¡el milagro de María nunca fue concebido para ser solamente de ella! Con la misma seguridad con que el Salvador a quien ella dio a luz es para que cada uno de nosotros lo reciba personalmente, así es el tipo de milagro que ella experimentó. El milagro de María contiene un patrón de posibilidades, una proforma de la verdad: ¡también los milagros tienen el propósito de pasar adentro, a través y alrededor de ti y de mí!

Estar abiertos a las ilimitadas posibilidades de Dios

Estoy profundamente dedicado a ayudar a que la gente se abra, como María, a las divinas posibilidades de Dios para sus vidas personales. Esto significa que tenemos que estar abiertos al poder y a la gracia milagrosos de Dios; a la manera en que Él nos pide a todos que salgamos a través de la membrana intelectual que tiende a separar nuestras mentes de nuestros corazones. El Espíritu Santo quiere entrar al santuario más íntimo de nuestras vidas, donde las realidades diarias enmarcan brutalmente las situaciones que, o desintegran nuestros sueños, o encarcelan nuestras esperanzas.

Esas cosas difíciles, duras o problemáticas que invaden la casa, el trabajo, la familia, las mentes y costumbres tienen una forma de imponerse, de dictar dimensiones restringidas. Con demasiada facilidad nos sometemos a ellas, suponiendo que «así es como supongo que fue concebido que sea». Pero el Espíritu Santo está listo para sacarnos a través y más allá de esas «circunstancias controladoras o limitantes», como las calificamos.

¿Cuáles son las tuyas?

Toda persona honesta sabe que están ahí.

*E*XCEDER LAS APARENTES
LIMITACIONES DE LA VIDA ES ALGO
MAS QUE ACTITUD
MENTAL, VISUALIZAR COSAS MEJORES,
PENSAR ALGO BUENO O EXPRESAR
DESEOS CUANDO SE CORRE
UNA ESTRELLA.

La vida sin ayuda de la gracia divina tiene límites, pero no todos son, en absoluto, ordenados por Dios, cuyo ilimitado poder nos invita a trascender los límites de la vida. Sin embargo, Él, el Dios vivo, es esencial para que trascendamos tales límites, dificultades o barreras. Exceder las aparentes limitaciones de la vida es algo más que actitud mental, visualizar cosas mejores, pensar algo bueno o expresar deseos cuando se corre una estrella.

El milagro de María no fue producido por simiente humana ni generado por un estilo místico de meditación. Ella no tuvo relaciones sexuales ni iluminación intelectual, porque el milagro de María no es de fuente física ni mental. Es de Dios, el creador de todo, que viene individualmente a nosotros a decir: «Todavía no he terminado de crear».

Dios me dijo eso en la carretera.

Capítulo 2

Una voz en que puedes confiar

Había pasado ya un mes de la Navidad cuando iba manejando al Valle de San Fernando, en camino desde la universidad donde enseñaba hacia la pequeña iglesia donde había empezado a pastorear a media jornada.

El zumbido del motor de mi automóvil casi armonizaba con el rugido de los vehículos que pasaban raudos, mientras los conductores aprovechaban el estado aún no congestionado del sistema de carreteras de Los Angeles, temprano por la tarde. No lo sabía, pero estaba por tener una visita —una especie de «reunión con Dios». Estoy convencido de que la mayoría de la gente las experimenta en momentos diferentes y en formas diferentes, pero temen contarlo a alguien o hasta tienen miedo de admitirlo a sí mismos. Sin embargo, yo voy a contarles de mi experiencia de tal reunión.

Una visita divina en la carretera

Estaba plenamente despierto, enteramente lúcido, totalmente desprevenido y para nada expectante, ni siquiera ligeramente inclinado a procurar un encuentro místico. Aunque lo hubiera estado, ¡ciertamente no hubiera estado buscándolo en una carretera de Los Angeles! Pero acababa de hacer un ángulo para ir con el tránsito hacia la carretera Hollywood, y estaba fijándome en cierta gloria remanente del follaje que aún se arracimaba en los árboles a mi derecha.

El parque Chandler, de Hollywood Norte, está dividido en ese punto por la carretera, y aunque el invierno de California del sur es genuinamente frío y ya había empezado a llover algo, este pálido sol vespertino de enero todavía evocaba el otoño en la escena. Cambié de pista para pasar un automóvil más viejo, que resoplaba en vano intento de mantenerse a la par del tránsito, cuando sucedió.

Tú no debes pensar tan pequeño.

Alguien había hablado. No era yo, y no había nadie más en el automóvil, por lo menos nadie que pudiera ver.

Tú no debes pensar tan pequeño o te interpondrás en mi camino.

Yo conocía la Voz, pero no estaba listo en absoluto para las palabras. Y no tenía la menor idea de lo que estaba por decirse.

Me he propuesto hacer una gran obra.

Nada había cambiado excepto todo. En menos de treinta segundos había sido arrancado de mis procesos de pensamiento mundano, ocupado solamente con conducir mi automóvil, y llevado a la súbita sensación de La Presencia. Dios estaba ahí, hablándome. Yo sabía que estaba escuchando una Voz en que podía confiar. Había aprendido a oírlo durante años de caminar con Él y, sin razonamiento elaborado analítico, supe intuitiva e instantáneamente por qué estaba diciendo esas palabras.

Aunque la voz de Dios pueda sorprendernos a veces, cuando es verdaderamente Él quien habla, suele dejar claro de qué está hablando. Aun cuando no entendamos todo el significado de sus palabras o promesas, podemos captar la intención general de su impulso y sintonizarlo. Así que ese día supe por qué yo tenía que sacudirme la pequeñez de mi propia visión. Aún no tenía idea del ámbito de lo que quería decir Dios; sólo que Él estaba llamando mi atención, invitando que me abriera a su poderío.

Las asombrosas posibilidades que presagiaban sus palabras «gran obra» las iba a empezar a entender solamente en los años venideros, pero mi problema inmediato era saber cómo responder a la pasmosa realidad de ese momento de confrontación directa: ¿qué era esto? ¿quién soy yo para recibir tal palabra de promesa?

Dije esto, susurrando el desconcierto de mi corazón: «Señor, ¿por qué debo participar yo en algo grande que Tú harás?» Su respuesta trajo lágrimas a mis ojos, pues me recordó la vastedad de la gracia de Dios, que fluye a quienes reconocen su indefensión y lo dejan entrar en sus vidas. Él me recordó que mi misma vida es un milagro, como todas lo son.

He dicho más sobre el fruto de ese encuentro, escribiendo en otro libro sobre las cosas sorprendentes que el Señor ha hecho desde ese día. Pero hago esta mención aquí porque era un «momento de impregnación», esa visita de parte de Dios que pone en movimiento la «clase» de milagro de María. Fue un encuentro sin planificar, en que el Creador comunicó su deseo de abrir mi vida a sus propósitos para que Él hiciera fluir su promesa a través mío.

Identificando la voz de Dios

Dios hace estas cosas con la gente. Gente como tú. Pues si hay algo que tengo claro de ese momento particular (además de que Dios estaba buscando que yo le prestara atención), es que mi momento fue único solamente por haber sido mío. Lo supe entonces y lo sé ahora, que tales momentos son dados a cada ser humano: en algún momento. Ellos son los momentos en que se nos presenta el potencial del milagro de María como un despertar, como una llamada a permitir la esperanza, a permitir *expectativas* en nuestros corazones.

Quiero ayudar a que la gente identifique y acepte este hecho, y que llegue a no asustarse de reconocer y responder a ello. Estoy convencido de que no solamente ya ha ocurrido en alguna forma a la mayoría de las personas, sino también de que ocurrirá, si es que todavía no ha pasado. Y aun antes de invitarte a detectar los detalles, mirando el momento de María en el registro de las Sagradas Escrituras, quiero definir lo que quiero decir con que Dios «te habla». Quiero que tengas claro que no estoy vendiendo una forma de autohipnosis o de juego psicológico subjetivo.

Es importante conocer la diferencia entre reunirse con Dios y enredarse cometiendo errores. Siempre quiero esquivar la estupidez, evitar el engaño, rechazar el misticismo, vencer el miedo y negar la propia importancia. Todos estos cinco engañadores, cuyas amenazas intimidan a tanta gente impidiendo que reconozcan la «voz» de Dios para ellos, pueden y deben ser echados si queremos abrirnos sabiamente al milagro de María. La de Dios es una voz que puedes confiar, y cuando Él habla, nada de lo que sigue está presente.

- Ideas Tontas

    Las ideas tontas propuestas por chiflados o hasta por santos sinceros —pero necios— deben ser fácilmente prescindibles. Y deben ser las que, asimismo, más rápidamente evitemos, porque Dios nunca es tonto ni falto de gracia.

    Dios no va a decir «¡Hola! ¡Pienso que haré algo grande, así que deja tu trabajo, deja a tu esposa, abandona a tus hijos y vete a Indonesia el próximo martes!» El nos *llamará* a la fe y a la acción, pero no sin la sensata consideración por los demás, y no sin razonables procesos de tiempo y circunstancias providenciales que marquen el camino.

- Engaño

El engaño no es difícil de evitar. Cualquier «palabra» que no se alinee con la Palabra de Dios de las Sagradas Escrituras no sólo puede ser desechada de inmediato sino que *debe* serlo. Cuando el Señor me dijo «Me he propuesto hacer una gran obra» no sólo *sonó* como la manera de hablar de Dios, sino que la Biblia *resuena* con tales promesas: «Sé fuerte y muy valiente [denodado] pues el Señor tu Dios está contigo».

Nuestra sola necesidad es recordar tres cosas: Si la voz de Dios para mí es verdadera, (1), no tengo que anunciarla a los demás; (2) no se me exige que lo demuestre con palabras u obras sin amor; y (3) no es cosa mía cumplirlo. Si es Dios, Él lo hará mientras yo espero en Él: ¡Él solo!

- Misticismo

El misticismo es la idea que solamente una raza selecta de almas reflexivas, recluidas, de tendencia religiosa pueden oír la voz de Dios. No obstante toda la Biblia argumenta lo contrario.

Los hombres de trabajo y las atareadas mujeres son los sujetos de su voluntad, los objetos de sus propósitos creadores y los receptores de santos impulsos suyos. Jesús habló a los pescadores que trabajaban para ganarse la vida, a contadores que tenían que cuadrar libros para satisfacer requisitos legales y a los activistas políticos preocupados de la justicia social. Dios habló a María como mujer corriente, a Sara como esposa y a Ester como reina atónita de «haber-llegado-hasta-aquí». Estas fueron las clases de hombres y mujeres que Él llamaba entonces, y el Señor habla hoy a esa gente corriente. Tú no estás fuera de su «rango de transmisión».

Sintonizarse con la voz del Espíritu Santo e irse a un monasterio son dos cosas completamente diferentes. No tienes que hacer lo segundo para experimentar lo primero. Dios gusta de hablar a la gente corriente y así lo hace diariamente.

• Miedo

El miedo es quizá el obstáculo más desafiante para nuestra apertura a la voz de Dios y a creer en Él. Por un lado es nuestro miedo al costo de la entrega, y por el otro, el miedo al fracaso.

A menudo tememos que la fe nos costará mucho o que haremos demasiado poco. Pero la llamada de Dios no es una amenaza; es la promesa de una posibilidad. Él habla para hacernos saber lo que puede hacer si se lo permitimos. Las palabras de

Dios, dichas en los lugares secretos de nuestras almas, son una invitación que hace el amor para recibir sus acciones, no un dictamen celestial que exige cumplimiento.

Él nos llama, a todos, a posibilidades más grandes de las que nosotros podríamos producir, pidiendo solamente que le permitamos obrar con y a través de nosotros. Podemos empezar permitiendo que la invitación del amor eche fuera las inhibiciones del miedo.

• Suficiencia

«Pero», preguntan algunos, «¿podría pensar demasiado de mí mismo si Dios me habla, y entonces hacer algo maravilloso en mi vida? No querría darle lugar al orgullo».

¡Oh, querido amigo! ¡Cuántos se someten a esta supuestamente humilde propuesta! Pero yo quiero instarte a estar en paz, porque las obras bondadosas de Dios en tu vida nunca te confundirán sobre quién es el grande si te mantienes enfocado en Él. Él mantendrá clara nuestra perspectiva, y solamente un necio sería engañado por las ilusiones de la propia grandeza.

Por ejemplo, una cosa es que Dios me dijera «Me he propuesto hacer una gran obra», pero hubiera sido otra muy distinta si yo proclamara que Él había dicho: «Yo voy a hacer de ti la persona más grande de la historia», o «Nada que Yo haya hecho en el mundo se comparará con lo grande que voy a hacer a través tuyo».

*L*A VOZ DE DIOS NO ES DIFICIL DISTINGUIRLA DE LOS SONIDOS LASTIMOSAMENTE CONFUSOS DE LOS NECIOS DECIRES DE LA HUMANIDAD, O DE LAS SUTILEZAS ATERRADORAMENTE ERRONEAS DE LOS SISEOS DE LA SERPIENTE.

La llamada de Dios para que nosotros creamos que Él tiene almacenadas obras maravillosas para nosotros —nuestro propio orden de «milagros de María»— y esto se enfoca en *su* grandeza, no en la nuestra. Decir sí a las elevadas promesas del Señor para tu vida nunca consentirá al orgullo ¿Por qué? Porque en cuanto Él empieza haciendo lo que promete, estarás tan asombrado que solamente serás capaz de alabarlo y de señalar la vía a los demás para que hagan lo mismo.

Sí, hijo del Padre, puedes creer a su voz. No es difícil distinguirla de los sonidos lastimosamente confusos de los necios decires de la humanidad, o de las sutilezas aterradoramente erróneas de los siseos de la serpiente.

Hay una pureza y claridad en la llamada del Espíritu Santo a ti, cuando Él dice: «Regresa al milagro del manantial, para que puedas aprender a fluir en la corriente de las actuales obras maravillosas del Padre concebidas para ti».

Capítulo 3

El milagro del manantial

El milagro de María es el milagro del manantial; es el comienzo de todas las maravillosas obras redentoras de Dios.

La *redención* es la palabra bella que abarca todo el programa divino de recuperación. Dios reclama al perdido, perdona al pecador y entonces se dedica a cumplir sus propósitos en todo aquel que recibe su ofrenda de amor y vida. De eso se trata la redención.

No empezó en un pesebre de Belén sino en un útero de Nazaret. Aun con mayor precisión, empezó antes del tiempo en la mente del Padre eterno. Desde el manantial de la gracia redentora de Dios fluyó el milagro de María, desde el cielo a la tierra, desde la eternidad al tiempo. Y aquí, ese milagro empezó a cobrar forma en una muchacha galilea que estaba estupefacta por la maravilla de lo que había venido a ella. Eso resume la manera en que empieza el milagro de María en cualquiera, y fluye hacia adelante.

El milagro de María empieza con el Dios vivo, listo para obrar algo de su gracia liberadora, y sigue con su encuentro de alguien dispuesto a llegar a ser un instrumento de esa gracia. Se entiende mejor mirando de cerca ese increíble punto de partida de todos los milagros de la redención: la Encarnación.

Lo que pasó en la voluntad de Dios para aceptar vivienda temporal en un útero, para traer la promesa eterna al mundo es, por supuesto, el tema de la Navidad. No obstante, también es la fuente de todo otro día santo, pues ninguna otra fecha del calendario de nuestras celebraciones santas existiría sin el comienzo: el Nacimiento. No hay milagros sin el milagro de María.

Además, la historia de la gloria revelada en Jesucristo, nuestro Salvador, tiene otro rasgo increíble. Además de la voluntad de Dios para venir a nosotros, está el fenómeno más que abarcador de su venida por medio de un conducto humano. Él milagro de María nos recuerda que Dios mismo no ha elegido otro punto de comienzo para sus obras maravillosas aparte de los seres humanos. El demostró en María su disposición y voluntad para obrar por medio de un imperfecto vaso humano, y Él sigue haciendo lo mismo sin avergonzarse.

Capta esta verdad, querido.

Tan asombrosa como es la voluntad de Dios para venir del cielo a la tierra, una gracia aun más

trascendental se manifiesta en su opción de reve-
larse por medio de la tela y el marco de la humanidad. Mira lo que le pasó a María.

He ahí un miembro corriente de la raza de Adán,
tan manchada por la Caída como cualquier otro.
Pero ella fue escogida. Y otro esplendor igual es la
revelación que nos da la Palabra de Dios de que no
somos menos opción suya: «Según nos escogió en
él antes de la fundación del mundo.»[1]

María fue la primera persona en experimentar
este orden de ser elegida, de llegar a ser un vehículo
de la más plena y elevada expresión de gracia de la
redención. Considera esto:

La promesa redentora de Dios fue llevada *a*
María para crecer *en* ella, ser entregada *a través* de
ella [y] cambiar el mundo *alrededor* de ella. Vuelve
a leerlo, en voz alta. Dilo otra vez porque en estas
palabras aprendemos la esencia del milagro de María. Sin embargo, antes de proseguir nuestro estudio de la manera en que su milagro anticipa el tuyo
y el mío, degustemos la maravilla única de este
manantial.

La promesa fue:

- llevada *a* ella: el anuncio del ángel;

- para crecer *en* ella: la concepción milagrosa;

- ser entregada *a través* de ella: esa primera
  Navidad;

- cambiar el mundo *alrededor* de ella: por medio
  del triunfo del Calvario.

La promesa era la Palabra definitiva —el Verbo preexistente, la eterna segunda Persona de la Deidad llamada el Hijo— volviéndose hombre, encarnado a través del milagro de María. Él fue llamado Jesús, y desde entonces cielo y tierra lo adoran como el digno redentor.

- el Cordero nació en un pesebre para ser sacrificado en una cruz.

- el unigénito Hijo del Altísimo fue concebido y nació para pasar su vida como el precio para recuperar una raza perdida.

«Plúgole como hombre habitar con los hombres, Jesús nuestro Emanuel».[2]

Empieza con el milagro de María

Dios bajó, se hizo uno de nosotros, vino a andar con nosotros, y finalmente a morir por nosotros. Y como la estela de milagros que Él deja se estira desde Canaán de Galilea a Jerusalén de Judea, su manantial se encuentra en Nazaret. El milagro de María lo empieza todo. Es crucialmente importante entender esto.

Entender ese milagro en todo su valor es hacer más que dar la gratitud humilde y apropiada por el hecho de que Dios *vino* a nosotros, se encarnó como hombre: *¡una maravilla trascendente!*

Ver las repercusiones del milagro de María es hacer más que recibir al Salvador. Es el rendirse a la fe en Jesús como ambos: como el Amo Hacedor de milagros y como el Salvador que muere para ser resurrecto *¡una maravilla redentora!*

Por favor, distingue estas maravillas de otra más. Entender claramente el milagro de María no es solamente recibir y creer la dádiva que nos es dada por medio del milagro de la encarnación y la obra salvadora de Cristo. También es entender la manera en que Dios obra redentoramente: es captar *¡la maravilla continua!*

La opción de Dios de usar a María, un mero vaso humano por el cual desplegar su obra maravillosa para la humanidad, corre el velo de un hecho increíble. Dios reveló por ese medio su voluntad de traer sus promesas para que anidaran en vasos humanos caídos. Si ellos se abren a tal gracia, Él estará listo para cambiar el mundo de ellos: *¡y a través de ellos!* Ver y captar esto es pavimentar el camino para que el milagro de María ocurra una y otra vez.

No en el sentido biológico.

*N*O DEBEMOS MINIMIZAR LA PROMESA, LA ESPERANZA QUE EL MILAGRO DE MARÍA NOS PERMITE, PORQUE EL PADRE SIGUE BUSCANDO VASOS HUMANOS POR LOS CUALES ÉL PUEDA FOMENTAR SUS PROPÓSITOS REDENTORES.

No en el sentido «del unigénito».

Sino es entender cómo Dios, por medio de su promesa de vida en el Espíritu Santo, sigue buscando traer su promesa *a, en* y *a través de* nosotros para cambiar las cosas *alrededor nuestro*.

Hay una maravilla triple en la idea de la Encarnación: (1) una maravilla trascendente en que el Creador se rebajara a ser criatura; (2) una obra redentora en el Salvador sin pecado entregándose a morir por una raza rebelde; y, entonces, una vez más (3) una maravilla continua.

Es la maravilla que todo esto no solamente provee para ti y para mí una manera para recibir perdón y vida eterna, sino también que el proceso de la «idea de la Encarnación» de Dios continúa hasta este momento. Aquel que usó a María para introducir al Redentor está listo para obrar continuamente las maravillas del poder de la redención por medio de la gente de hoy: a la gente como nosotros.

El milagro de María abrió un río de gracia revelada: plugo a Dios usar a los seres humanos ¡maravillosamente! Destacar esa maravilla no es minimizar el carácter único de la maravilla que María dio a luz. Jesús es *el* Redentor, y como tal es el Admirable. Pero tampoco minimicemos la promesa, la esperanza que el milagro de María nos permite, porque el Padre sigue buscando vasos humanos por lo cuales pueda fomentar sus propósitos redentores.

El milagro del manantial es el milagro de María, porque la fuente de la redención, Jesús mismo, vino a nosotros por medio de esa maravilla. El río sigue fluyendo y el Espíritu de Dios nos está llamando a todos para que ingresemos en la corriente.

Hay promesas que Él quiere traer *a* ti (respecto de necesidades, esperanza o anhelos de los que te das cuenta, donde se necesitan el poder y la gracia de Dios);

...promesas que Él quiere crezcan *en* ti, (al recibir tú su Palabra y abrigar la posibilidad de que nada hay demasiado difícil para Dios);

...que Él pueda obrar sus prometidas maravillas *a través de* ti (como humilde vaso, sometido a su gracia y dependiente de su suficiencia y poder);

...para cambiar el mundo *alrededor* de ti (sea tu familia, tus relaciones, tu vecindario, tu ciudad o nación, tu iglesia o tu circunstancia).

Y todo esto lleva tiempo... a veces más del que nos gustaría; pero, entonces, le llevó nueve meses a María.

¿O fueron treinta años?

Segunda parte
La doncella y el milagro

«Y entrando el ángel en donde ella estaba, dijo: ¡Salve, muy favorecida! El Señor es contigo; bendita tú entre las mujeres. Mas ella, cuando le vio, se turbó por sus palabras, y pensaba qué salutación sería esta».

Lucas 1:28:29.

Pienso que es incuestionable: la persona más sorprendida de la historia humana fue una doncella llamada María, y su exclamación: «Me dirán bienaventurada todas las generaciones», fue una declaración de sorpresa, una proclama de adulación.

Capítulo 4

Trata de pintar la mediocridad

¿Qué clase de día era en Nazaret? Y, ¿qué estaba haciendo María cuando apareció el ángel? Trata de pintar la mediocridad en lugar del esplendor o la radiantez mística. Un día lluvioso en vez de asoleado. El invierno en vez de la primavera.

La mayor parte de nuestras nociones poéticas deben ser desafiadas si nos vamos a abrir al milagro de María. ¿Por qué? Porque si vestimos el original con ropajes lujosos de imaginada falta de naturalidad, supondremos que los acontecimientos sobrenaturales vienen solamente a escenarios soberbios. Pero Dios se viste de lo mediocre viniendo a gente mediocre, y Él no es menos capaz de hacer lo extraordinario por haber venido a los «nazarets» del mundo.

Debiera ser fácil sacudirse las ideas soñolientas sobre el escenario de la Encarnación. Años después, un futuro discípulo de lengua brusca iba a oír hablar acerca del pueblo natal de Jesús, y diría: «¿De Nazaret puede salir algo bueno?» Y como Dios eligió un pueblo muy improbable para presentar el milagro de María, probablemente nosotros podamos contar con que todo lo demás sea también improbable.

Dios no necesita un escenario

Me encantó un magnífica puesta en escena que vi hace años recreando el anuncio del ángel a María. Ella estaba cantando en un jardín, espléndidamente vestida de blanco puro y un chal color azul cielo. El canto de las aves llenaba el aire, las flores brotadas en profusión y la hiedra chorreaba por las paredes, armando una escena invitadora que, sin duda, respondía a algo parecido a la clase de suposición —estilo cuento de hadas— de cada espectador sobre cómo debiera haber sido originalmente. ¡Pero la historia de María no es un cuento de hadas!

Y porque Dios rehusó dar una entrada al mundo a todo lujo a su Hijo, no hay razón para que nosotros inventemos la magnificencia. Basta con tener una promesa asombrosa ofrecida y que haya ocurrido una concepción milagrosa. Dios no necesita un escenario ideado para ponerse en el estado de ánimo de hacer milagros. Él sencillamente proclama su palabra de promesa a la gente ordinaria que vive en las situaciones más corrientes.

Hagamos algunas preguntas incontestables:

- ¿Estaba orando María cuando ocurrió el anuncio, o quizá lavando platos o refregando ropa?

- ¿Había un rayo de luz o un hilo de traspiración sobre su rostro?

- ¿Estaba en un momento tranquilo y conveniente de su día o este encuentro fue una interrupción?

- ¿Estaba serena, como si hubiera leído un libreto anticipadamente, o sencillamente asustada por la súbita aparición del ángel?

Sigamos preguntando:

- ¿Los padres de María le habían enseñado a creer que «tú podrías ser la única», o un pensamiento así jamás se le había ocurrido ni en sus más extravagantes imaginaciones?

- ¿Estaba financieramente firme su familia o el desposorio de María con José fue un alivio económico para el presupuesto estrecho de ellos?

- ¿Era bella, sociable y personalmente deseable, o posiblemente María fue una niña sencilla, con una fe sencilla, criada en un hogar corriente, preparada para un matrimonio arreglado y dirigida a un futuro prediciblemente vacío de acontecimientos al casarse con el carpintero del pueblo?

La historia no requiere elegancia

Estas preguntas no están concebidas para iniciar una cruzada en contra de la tradición sino a obligarnos a confrontar la verdad. La verdad es que nada de la Biblia requiere elegancia en esta parte de la historia. De hecho, el tono del texto establece que la situación de María debe haber estado entre las más bajas. Escúchala cantar varios días después:

> «Porque ha mirado la bajeza de su sierva; ...exaltó a los humildes. A los hambrientos colmó de bienes».

> Lucas 1:48,52,53

Estas no son palabras de una princesa ficticia de Grimm, la que espera ser descubierta por su príncipe azul. Francamente suenan más como palabras de una niña mediocre, si es que no pobre, que repentinamente vio la simplicidad de su mundo invadida por la esperanza majestuosa.

Entendámoslo claramente. Este bebé nacería en un establo y poco después tendría que escapar de la punta de la espada de un rey feroz; así que nos ponemos francamente presuntuosos si pensamos que algo va a salir fácil. Y después, en este mismo pueblo, Él será atacado por la ingratitud soberbia de los escépticos, embotados de la fe por el efecto desgastante de lo fútil en este mundo menos que feliz. Sí, *entiéndelo* bien: Nazaret no era un centro de promesa espiritual.

Pero la promesa vino ahí.

Y tú y yo seremos prudentes al tomar en serio esto, porque es un hecho pasado por alto muy a menudo, siendo de profunda importancia para nosotros al estudiar el milagro de María. Hay todo poder a disposición: el de Dios. Ese poder está a un lado, esperando salir a escena donde las moscas llenan el aire, donde los olores desagradables molestan a los sentidos y donde las circunstancias limítrofes declaran que «no hay esperanza».

Ana, la madre del profeta Samuel, fue otra muchacha sorprendida por el milagro de la gracia de Dios en un escenario improbable. Sus palabras parecen armonizar con las de María:

> Mi corazón se regocija en Jehová... Él levanta del polvo al pobre, y del muladar exalta al menesteroso, para hacerle sentar con príncipes».

1° Samuel 2:1,8

NUESTRO AMANTE DIOS ESTÁ TAN INTERESADO POR ENCARNAR SU ESPERANZA Y PROMESA DONDE TÚ VIVES — AHORA MISMO— COMO LO ESTUVO CUANDO ENVIÓ A LA PROMESA MANANTIAL A NAZARET HACE VEINTE SIGLOS.

Ana nos recuerda que el *polvo* (¡no puede ser más gráfico que eso!) no inhibe los tratos de Dios ni limitan nuestros destinos, sino que, a menudo, son el punto de partida de Dios. Y todo lo que podamos recopilar de la opinión popular de la época de María es que Nazaret era polvo.

Así pues, bajo esta luz, que ninguno de nosotros viva sin esperanza. Nuestro amante Dios está tan interesado por encarnar su esperanza y promesa donde tú vives —ahora mismo, allí mismo— como lo estuvo cuando envió a la promesa a Nazaret hace veinte siglos. Importa mucho que tal convicción se fije en nuestras almas, pues solamente de esta manera hallaremos plenamente creíble y aceptable que el Padre de toda la promesa esté dispuesto a engendrar su más plena promesa en la mediocridad de nuestro propio escenario personal: por desagradable, por improbable que sea.

No tenemos que ser sin pecado

Y otra cosa: Respecto de la muchacha de Nazaret, ella era como tú y como yo: no fue sin pecado.

No me resulta cómodo afirmar tajantemente eso, pues respeto la sinceridad de aquellos cuya reverencia por María se arraiga en la propuesta de «la inmaculada concepción» de ella. Esas dos palabras enmarcan una tradición que sugiere que, de alguna manera, María nació en forma milagrosa; de alguna forma fue mantenida sin pecado por siempre desde que naciera, de modo tal que le impidió haber heredado pecado en su propia naturaleza o persona.

Negar esto, como debemos hacerlo, no es adoptar un espíritu despiadado ni atacar almas sensibles. Como verás, no tengo sino el más alto respeto por esta doncella de Nazaret, la cual llegó a ser la madre de Dios. Pero al estudiarla con precisión y bíblicamente, no tengo que dejar ilesos a aquellos que han creado una estructura de innecesaria tradición alrededor de ella.

Sin embargo, para ver a María con todo lo que ella tiene que enseñarnos, debemos adherirnos a la simple verdad, distinguiendo entre ella y algunos realces no esenciales de la tradición. María no tuvo que ser una persona sin pecado para llegar a ser la portadora del Salvador sin pecado, y de hecho no lo fue. Afirmo esto porque María misma, como todo ser humano desde la primera pareja, era de la simiente caída de Adán. Pero la bendita verdad es que esto no constituyó estorbo, pues el Creador-Padre es capaz de engendrar su Hijo no manchado por la Caída dentro del útero de esta mujer, sin la ayuda de una doctrina inventada. Cómo lo hizo —fundiendo deidad con humanidad— es cosa de Dios de lograrlo prodigiosamente, y es cosa nuestra el aceptarlo adorando.

Sin confusión.

Sin adornos.

Sencillo y simple. La misma manera en que obran todos los procesos salvadores de Dios sin inventos humanos, y más allá de la comprensión humana.

La humanidad de María es esencial para que apreciemos plenamente su milagro. Solamente entonces podemos entender cuán decidido estaba Dios a encarnarse como uno de nosotros y a obrar una maravilla para lograrlo. Pero ver esa maravilla también es ver cuán consagrado está Él para obrar más allá de nuestra impotencia; de entrar sobre nosotros con su habilidad, para asimismo redimir nuestra desesperanza. En María, el mismo que habló en el caótico desorden del «vacío» del Génesis, trayendo luz y vida, habló su promesa a la humanidad corrupta desde su útero virgen, engendrando la Luz del mundo y trayendo así vida a toda la humanidad.

Desde ese momento, la Luz ha seguido aumentando y su vida ha seguido multiplicándose en miles de «úteros de circunstancias», donde otros miembros de la raza de Adán se abrieron: primero al Hijo de María, y luego a los patrones de posibilidad revelados en el milagro de ella.

El milagro de María le sucedió primero a una pecadora común y corriente de una ciudad común y corriente, lo que establecería esta lección para todos los que aprenden: nada es imposible donde vives, sin que importe quien seas. Porque la salvación ha llegado a salvar, este, el mayor de todos los milagros —una vez recibido— tiene en sí las semillas de cualquier cantidad de maravillas.

¡La dádiva sigue dando!

Capítulo 5

Asombrada en la presencia

Pienso que no puede cuestionarse: La persona más sorprendida de la historia humana tiene que ser una muchacha llamada María. Despojada de la afectación de la pompa religiosa, todo lo referido a su asombrada respuesta al impactante anuncio del ángel grita el hecho de que esta joven no tenía ilusiones sobre ella misma.

¿Dónde cabe María hoy?

«¿Qué cosa dice?», exclama —indudablemente jadeando— para respirar mientras pregunta: «¿Yo?»

No hay razón para pensar que ella haya cambiado su aire en nada arrogante; no hay razón para suponer que estemos obligados a rendirle honores especiales a ella, porque ni Dios ni María han sugerido nunca que lo hagamos.

Pero ciertamente podemos aprender mucho de ella.

María es todo un caso para estudiar varias características maravillosas de una vida de fe dinámica.

- Primero, ella sabe cómo *responder* cuando Dios ofrece milagros (ella acoge sus obras maravillosas).

- Segundo, ella sabe cómo *pensar* cuando la gente le da profecías sobre su vida (ella no pide que las profecías se cumplan sino que las medita pacientemente, dejándolas en las manos de Dios).

- Tercero, ella sabe *qué decir* cuando no entiende lo que Dios está haciendo con su vida («¡Hagan todo lo que Él [Jesús] les diga!»).

- Cuarto, María sabe *cómo crecer* cuando una etapa de la obra milagrosa de Dios en su vida está lista para pasar a otra (verla en el aposento alto, esperando por el poder del Espíritu, junto con los otros discípulos).

Pero lo más importante para nosotros quizá sea cómo empezó todo esto. Tenemos que notar el comienzo de su caminar en lo milagroso, ver cómo ella veía su rol en lo sorprendente que le estaba sucediendo y que iba a pasar *en* y *a través de* ella.

Para hacer esto hallaremos que tenemos mucho equipaje que descargar.

Realmente no sé cómo dar cuenta del alboroto o del furor que ha surgido en torno a María. Se trate de las protestas de la gente que objeta que ella reciba reconocimiento alguno en absoluto, o del problema de que algunos la adulan o casi deifican, ambos se equivocan en este punto. María *fue* la madre de Jesús y María *da* un modelo para estudiar la manera en que la gracia de Dios puede llenar toda vida con promesa. Ella merece atención especial:

- Ella es el vector humano por el cual es introducido el milagroso Uno, que trae la gracia salvadora de Dios a la humanidad. Todos tenemos que aprender eso primero. Luego,

- Ella es la «primera de una clase»; el prototipo, si así le parece, de la manera en que Dios obra para traer sus maravillas a la gente y a través de la gente. Y, también, aprendamos todos de esto.

Ambos rasgos requieren nuestra atención: el dar a luz al Hijo de Dios nacido de virgen, nuestro Salvador, y el experimentar la manera milagrosa de Dios para obrar en y a través de aquellos que están receptivamente abiertos a Él.

Sí, María merece nuestro estudio del lugar en que Dios la puso en la historia de sus tratos con la humanidad, pero no podemos efectuar una aplicación práctica y liberadora de los principios que ella ilustra sin tratar la pregunta: «¿Dónde cabe María hoy?» Puesto que ella ha sido virtualmente borrada de los pensamientos de algunos, e indebidamente «bendecida» por las consideraciones de otros, saldremos ganando al encontrar el equilibrio bíblico del tema de su singularidad. Ella fue única por entero en su rol de ser la madre biológica de nuestro Señor, pero la Palabra de Dios también muestra que ella fue, por entero, lo mismo que nosotros en virtualmente toda otra manera: sujeto de la gracia de Dios, una persona que necesita consuelo y seguridad, una adoradora asombrada ante la grandeza de Dios que le era manifestada. Entender la forma en que se la llama «bendita tú, entre las mujeres» pienso que puede dar una perspectiva liberadora del lugar de María en el orden divino de Dios.

Bendita tú, entre las mujeres

Una forma de estas palabras aparece tres veces en el texto del evangelio de Lucas. Parecen ser la *bisagra* sobre la cual gira el malentendido y por la cual tiene lugar la mala aplicación. Los significados forzados de la frase «bendita tú, entre las mujeres», puede hacer que muchos separen campamentos. Algunos concluyen no brindarle respecto en absoluto, rechazando todo reconocimiento de su rol distinto y privilegiado; otros concluyen que deben rendirle un respeto desacostumbrado, reverenciándola en una manera no enseñada por la Palabra de Dios. Pero el mirar cada caso en que estas palabras son dichas —(1) por Gabriel, (2) por Elisabet y, (3) por la misma María— puede servirnos a todos nosotros.

El saludo de Gabriel

> «Y entrando el ángel en donde ella estaba, dijo: ¡Salve, muy favorecida! El Señor es contigo; bendita tú entre las mujeres».

Lucas 1:28

Primero, la claridad viene inmediatamente para el uso de la palabra «bendita», utilizada respecto de María, cuando empezamos por advertir la manera en que las palabras de Gabriel estaban enfocadas en la gracia de Dios. Ellas no ensalzaban ningún valor en particular por parte de María, sino que declaraban la santa bondad del Altísimo. La palabra «bendita» *(eulogeo)* es una sencilla profecía directa: «de ti *se habla (y se hablará) bien*». Es una palabra afirmativa y aseguradora dada para calmar el miedo suscitado por el impacto que tal encuentro produce. Gabriel está manejando el problema que solemos hallar en las Escrituras cuando los ángeles visitan a la gente; se necesita amortiguar el momento, suavizar la impactante sorpresa. Es como si el ángel dijera: «No estás viendo un fantasma ni siendo molestada por un diablo: el Señor está contigo y la intención de este momento es bendecir. Quédate tranquila».

Pero lo que indica más claramente la idea de la frase «bendita tú» es la declaración que la precede: «¡Salve, muy favorecida!» que da el contexto para nuestro entendimiento. Debido a que antes de decirle a María que es «bendita [tú]» (esto es, «se hablará elevadamente [de ti]»), Gabriel le ha pedido que se regocije por una razón: «Muy favorecida». Ese es un buen consejo para quien reciba la gracia de Dios. No es un ascenso a una posición de superioridad.

El verbo griego que expresa la declaración que hace Gabriel de la bondadosa generosidad de Dios para María es *charitos*. Esta palabra deriva de la raíz *charis*, «gracia» y es de amplia riqueza, admitiendo apropiadamente la traducción, «muy favorecida». Transmite literalmente la idea de una persona que es «privilegiada en forma única», esto es, que se le adscribe un rol único en toda la historia. *Charitoo* es empleado significativamente para describir el caso de María, como la portadora privilegiada del Cristo niño. El suyo fue un rol «único en la historia», pero la Palabra de Dios parece claramente empeñada en destacar este mismo hecho «único en la historia» sobre cada uno de nosotros. Asombrosa y precisamente esta misma palabra, usada con María, es usada en la Biblia contigo y conmigo. El ennoblecedor verbo *charitoo* es hallado sólo en dos lugares: ¡Lucas 1, de María, y Efesios 1, de cada uno y todo creyente en Jesucristo!, para el asombro de todos nosotros.

- De María: *charitoo* se usa en Lucas 1:28 y da la explicación del porqué ella es llamada «bendita». Como una «únicamente agraciada», a ella le es dado un rol único: nadie más ha sido llamado al privilegiado para servir en el lugar dado a ella.

- De cada uno y todo creyente: *charitoo* es usado en Efesios 1:6 unido al hecho que cada uno de nosotros ha sido llamado «bendito» también (Efesios 1:3). Como escogidos (Efesios 1:4) cada uno tiene un rol único asignado a nadie más que a nosotros, e individualmente.

Un hecho bíblico impresionante es que el Espíritu Santo moviera al apóstol Pablo a tomar la misma palabra, sólo usada una vez antes para referirse a la virgen María, ¡y que la aplicara a cada uno de los redimidos del Señor! Ese uso paralelo de esta gran palabra demuestra espectacularmente la validez de que veamos el milagro de María como una invitación a que esperemos algo de lo mismo.

MARÍA FUE PRIVILEGIADA EN FORMA ÚNICA, PERO TAMBIÉN LO ERES TÚ. DIOS SIGUE BUSCANDO VASOS HUMANOS QUE NECESITAN GRACIA, A LOS CUALES —Y A TRAVÉS DE LOS CUALES— ÉL PUEDE VERTER GRACIA, OBRANDO PODEROSA Y MAGNÍFICAMENTE.

¡Estamos dirigidos para ver la forma en que su experiencia predice posibilidades para nosotros!

Sí, María fue privilegiada en forma única, pero tú también, querido. Porque en esa sola palabra «gracia» se nos enseña que el milagro de María no fue dado para el crédito de ella sino para su bendición. Y lo mismo se aplica a cada uno de nosotros, pues Dios sigue buscando vasos humanos que *necesitan* gracia, a los cuales y a través de los cuales Él puede **verter** gracia, obrando poderosa y magníficamente.

Además, haz el favor de ver cómo esta verdad alienta en la primerísima palabra que el ángel dijo a María: «¡Regocíjate!» Menciono esto no sólo porque es el comienzo lógico de la alabanza que la prometida gracia de Dios debe evocar de nosotros, sino porque algunas traducciones más antiguas hacen que el saludo de Gabriel comience con la palabra «¡Salve!». En siglos pasados era la palabra correcta, porque «salve» significaba sencillamente «¡sé feliz y sano!» Era un saludo con esperanza y promesa, no una elevación de una persona por encima de otras. El ángel usó esta palabra para decir: «¡Algo bueno está por pasarte!» Ambos, Gabriel y María, no estaban confundidos por lo que estaba pasando: el Dios Creador estaba por hacer algo todopoderoso y maravilloso. Pero era enteramente concedido por su gracia, y para ser enteramente cumplido para su gloria, aunque ella fue la participante privilegiada: una feliz víctima de la gloriosa gracia de Dios.

Así pues, veámoslo claramente: Las obras maravillosas de Dios son todas obras de gracia. Es necesidad fundamental para nosotros captar esa verdad, porque inevitablemente nos liberará:

- Nos liberará de nociones equivocadas respecto a María

- Nos liberará de hacer celebridades de los líderes espirituales sobresalientes

- Nos liberará de suponer que las obras poderosas de Dios son solamente para los que están en un nivel más alto que el nuestro, y

- Nos liberará para abrirnos a sus obras de gracia con maravilla en nuestras vidas.

El «bendita» de Elisabet

Veamos la segunda vez en que ocurre la frase «bendita tú, entre las mujeres». Fue dicha por Elisabet casi inmediatamente con la llegada de María a la casa de su prima en Judea.

> «Y exclamó [Elisabet] a gran voz, y dijo: Bendita tú entre las mujeres, y bendito el fruto de tu vientre»

> Lucas 1:42

Retrocede un momento y dale una buena mirada, fresca también, a esta parte del registro del evangelio.

Elisabet es una pariente mayor que sólo seis meses antes había concebido en un embarazo tardío. Ahora, ella y Zacarías, su esposo, están esperando el nacimiento de su hijo: el niño que llegará a ser Juan el Bautista, el heraldo del Mesías. Pero esto es adelantarse en la historia.

Hay dos cosas emocionantemente significativas que pueden captarse en este punto en que se encuentran las dos mujeres: La maravilla y la *femi-neidad* descritas.

1. La maravilla

Elisabet acaba de recibir una revelación inspirada del Espíritu Santo sobre una maravilla en proceso. Ella se lo dice así a María. Para explicar a la joven su conciencia intuitiva del embarazo de María y de su fuente, ella exclama:

«Porque tan pronto como llegó la voz de tu salutación a mis oídos, la criatura saltó de alegría en mi vientre.»

En ese mismo instante Elisabet estaba rebosante de la presencia del Espíritu Santo. ¡Es como si el niño destinado a apuntar al Salvador del mundo ya hubiera empezado su trabajo! Así que el «bendita» de Elisabet no es una deferencia para María sino una declaración: «¡Dios me acaba de demostrar que vas a tener un bebé, y que tu bebé es el Mesías!»

Piensa ahora: ¿Por qué dio Dios esta idea a Elisabet?

Con la más simple de las reflexiones, no afectadas por las imposiciones de la tradición humana, ocurre una respuesta muy práctica y gentilmente graciosa. El Espíritu Santo —siempre el Consolador— está ayudando a María en un momento en que seguramente ella lo necesitaba.

¿Te puedes imaginar los pensamientos de María al irse acercando a Ein Karem, la aldea de Elisabet?

¿Cómo puedo explicar lo que está empezado en mí?, se pregunta a sí misma. *¿Quién lo creerá?* Pero la respuesta ya estaba en camino desde el cielo. En

el torbellino de la muy humana necesidad real de María, tanto por ayuda como de una amiga comprensiva, el Espíritu de Dios se movió con gentil gracia. Elisabet es informada por el Maestro, luego llenada con el Espíritu y dada a María como amiga en la necesidad.

María había ido a visitar y ayudar a Elisabet, pero la mujer mayor se le adelanta en prestar amoroso servicio.

Al escuchar más de cerca sus palabras, podemos ver que Elisabet no se inclina ante María. Probablemente la esté abrazando. Aunque impresionada por lo que Dios estaba haciendo en su joven prima, la mujer mayor está más asombrada por el poder de Dios que con la presencia de María; maravillándose de la gracia del cielo, junto con la misma doncella del milagro.

Así pues, la profecía de Elisabet fue una confirmación que atestigua del hecho que María ya conoce, pero que sería difícil de explicar. Ella está aliviando a María de la carga de tratar de describir lo indescriptible. Fue la forma de Dios para eliminar cualquier sentimiento de la muchacha virgen, en el sentido de que se hubiera dudado de ella cuando dijera: «Estoy embarazada, pero por favor, créanme, ¡no hice nada malo!»

La profecía de Elisabet fue también animadora.

2. La femineidad

La palabra «bendita», como hemos notado antes, es el griego *eulogeo*: «hablar bien o aprobadoramente de una persona». Elisabet la usa dos veces:

(1) con referencia a María, y (2) hablando del niño en su vientre. Su intención es clara, cuando nos permitimos regresar en el tiempo y «sentir» el momento con aquellos participantes.

María había tenido varios días para pensar en el fenómeno que estaba teniendo lugar dentro de ella. Sin duda, primordial entre sus pensamientos era la inevitable pregunta: *¿Qué pensará la gente de mí?*

No nos equivoquemos en esto. Estamos en medio de la maravilla más increíble de la historia universal: Dios haciéndose hombre, y haciéndolo en forma tal que desafía a la naturaleza, y por ello estimula el escepticismo. Es ineludible que esta forma de la entrada celestial expusiera a la crítica al vehículo de esta maravilla, a las inevitables conclusiones crueles y comentarios cínicos. Sí, María, ¿qué *pensará* la gente?

Pero en esta desconcertante mezcolanza de pensamientos, las palabras de Elisabet vienen con santo consuelo y seguridad, nacidas del mismo Espíritu Santo que ha activado su entendimiento con su don de profecía. Ella dice (e imagina su envolvedor abrazo cuando habla, sosteniendo la temblorosa forma de María): «Jovencita, Dios se ocupa de esta situación. No te afanes. A su debido tiempo, otras personas que realmente entienden van a hablar bien de ti. ¡Y así es ese bebé que está dentro de ti!»

Eso es lo que realmente dicen esas palabras. Eran palabras de «bien», no palabras que hacen un dios de María. Su significado es cálido y humano, alejadísimo de la confusa tradición.

Así es la siguiente declaración de Elisabet: «¿Por qué se me concede esto a mí, que la madre de mi Señor venga a mí?»

Era la cosa más natural del mundo que una mujer embarazada dijera a otra.

María acababa de hacer un viaje de más de 70 kilómetros, agotador por los medios antiguos de viajar en caminos disparejos. Así que las palabras de Elisabet difícilmente sean un reconocimiento abyecto de alguna pretendida superioridad de parte de María. Antes bien, revelan la preocupación sencilla y franca de una parienta amorosa (una especie de comentario de una «madre idisch»): «¿Qué haces, haciendo un viaje así hasta aquí para verme, ¡y en tu estado!?» *(¡Oi veh!)*

Es una exclamación, no una veneración. Y de nuevo, todo el encuentro nos lleva a ver el lado genuinamente «humano» antes que a inventar un pretendido lado «santo». Nuestra eliminación de los adornos de la tradición es una búsqueda para ayudarnos a develar la gloria de Dios en las vidas diarias de la gente normal.

Sigamos en esto, examinando la tercera «bendita» que aparece respecto de María. ¿Por qué darse la molestia? Porque solamente por medio de este estudio «rehumanizador» del texto podremos obtener claramente una perspectiva bíblica de nuestra propia candidatura para el milagro de María.

El «bendita» de María

«Porque ha mirado [Dios] la bajeza de su sierva; pues he aquí, desde ahora me dirán bienaventurada todas

las generaciones. Porque me ha hecho grandes cosas
el Poderoso; Santo es su nombre, y su misericordia es
de generación en generación».

Lucas 1:48-50

Déjame destacarlo de nuevo. Mi fervorosa búsqueda es ayudarnos a todos para ver que, si bien
María tuvo ciertamente un rol maravillosamente
significativo dado a ella, y fue fiel para ejecutarlo,
ella también es un retrato de la manera en que la
inmensa gracia de Dios está lista para obrar lo
milagroso en toda persona. Así que al buscar disol-
ver los obstáculos de las tradiciones que parecen
poner fuera de nuestro alcance a la experiencia de
María, te insto a que esperemos nuestra propia
«clase» de milagro de María. Esta es realmente la
cosa precisa que María decía en su canción cuando
prorrumpió con las palabras: «Pues he aquí, desde
ahora me dirán bienaventurada todas las generaciones». Ella dice lo mismo que todos dicen cuando
ven la gran bondad de Dios desplegada para ellos.
Esta tercera vez que aparece en nuestro texto la
palabra «bendita», hay una palabra griega completamente diferente; diferente de la de la salutación
de Gabriel, y diferente de la de Elisabet cuando
saludaba a María, «Estáte en paz. No hablarán mal
de ti». En esta ocasión, el término «bendita» de
María está hablando de ella misma, y dice: «¡todos
dirán que soy *makarios!*»

Nada en la palabra griega *makarios* recomienda o
sugiere que María pensara que le sería debido alguna
vez a ella algún reconocimiento especial por esto.
Antes bien, ella está comentando sencillamente

que la gente entenderá y compartirá su gozo. La palabra significa «feliz, afortunada». Esto es «bendita» en el sentido de que «Dios ha mostrado su bondad».

En resumen, esta joven, asombrada en la presencia de la gracia de Dios, está diciendo que «todos los que oigan mi historia dirán, "¡esa es una joven feliz!"»

Una invitación para todos nosotros

No cuesta confirmar que esto era lo que pensaba María, alejadísimo de que hubiera soñado que alguna vez alguien la venerara. Escucha la letra de la canción que canta después. Allí declara el mismo mensaje que escribo aquí, para convencernos a todos que aceptemos: «Su misericordia (la misma mostrada a mí) está lista para hacer cosas similarmente grandes y poderosas de generación en generación —*¡cualquiera sea en la que vivas!*»

Vuelve a leer el texto y deja que tu corazón salte con el mío, querido amigo. María quiere, seguramente, que experimentemos su gozo, porque ella reconoció que el milagro de María no estaba concebido para quedar confinado a ella o a «su clase», ¡ilimitado a ocurrir una sola vez!

Espero que al estudiar cuidadosamente estas tres «bendita», sientas el apoyo de la Palabra de Dios para tu expectativa de tu propio milagro de María. Y porque habremos ganado terreno sólido, cimentando nuestra fe en la verdad sin adornos de las Escrituras, podremos abrir nuestros corazones a las promesas-maravillas de Dios con una perspectiva esclarecida.

Para resumir, entonces, (1) el «Salve» de Gabriel (ver versículo 28) con su «bendita tú», se vuelve más fácil de entender por lo que era un cálido saludo, no un ascenso a un peldaño superior de la humanidad; (2) el «bendita» de Elisabet (ver versículo 42) fue una consoladora seguridad para María, no una adulación admirada; y (3) el «bendita» de María (ver versículo 48) era una invitación a todos nosotros para participar en su asombro.

Así pues, en estas palabras podemos oír el testimonio de la Palabra de Dios pidiéndonos que veamos la verdad, la ternura y la atemporalidad de la gracia de Dios:

- Ver la *verdad* de Dios, que nos libera para aceptar nuestra singularidad, como María aceptó la suya;

- Ver la *ternura* de Dios en la forma en que Él movió a Elisabet por su Espíritu, usándola para consolar y asegurar a María;

- Ver la *atemporalidad* de Dios en la forma en que movió a María a cantar la verdad de que su milagro era de un orden que podía tener su propia clase de realización también en nuestra generación.

Pero, por sobre todo, apropiémonos de ese tercer «bendita» dándonos cuenta que también es la invitación de María ¡no, es *la del Espíritu Santo!* Es su llamada por medio del canto de ella, llamando a toda generación a que se abra humildemente a la santa felicidad que ella experimentó. Esa sola y gozosamente bienaventurada persona, que cantó del Dios cuya gracia milagrosa está disponible para todos nosotros, nos convoca hoy a que nos abramos a Él como ella lo hizo.

Pero caminemos suavemente ante Dios al pensar en estas cosas. La respuesta de María fue el asombro en la presencia de Dios. Y es en esta misma presencia que estamos siendo introducidos hoy, pues aquellas mismas misericordias son prometidas de generación en generación.

Incluso en la nuestra.

Capítulo 6

El tema de la inocencia

Aunque María necesitaba al Salvador como cualquiera de nosotros, sabemos por lo menos una cosa noble de ella, un rasgo que afirma la elevada calidad de su carácter y de su estilo de vida: ella era una virgen.

Gabriel enviado a una virgen

Se nos dice que «el ángel Gabriel fue enviado por Dios ... a una virgen desposada con un varón que se llamaba José ... y el nombre de la virgen era María» (Lucas 1:26,27).

Este asunto de su inocencia sexual es de enorme significado, porque además de la necesidad de que la madre del Mesías fuera una muchacha judía, había otro requisito absoluto: Debía ser virgen. No debía haber dudas de que el niño nacido de su vientre fuera por entero el producto de la obra milagrosa de Dios todopoderoso: *su* Hijo; el de Dios. ¡Eso es!

> «*Por tanto, el Señor mismo os dará señal: He aquí que la virgen concebirá, y dará a luz un hijo y se llamará su nombre Emanuel [Dios con nosotros]*».

Isaías 7:14

Esta profecía estaba inscrita en las Sagradas Escrituras más de siete siglos antes que naciera la doncella de Nazaret: «Llegará el día», decía el Espíritu, «en que Dios se hará *uno de ustedes*: ¡Emanuel!» Para marcar el fenómeno espiritual del infinito Dios volviéndose hombre finito, Isaías predijo que ocurriría un fenómeno físico: «Una virgen concebirá al niño».

Contrariamente a las suposiciones mojigatas de algunos, este requisito del nacimiento virgen no reflejaba la desaprobación divina de la relación sexual normal, como si fuera una manera menos que digna para que un matrimonio engendre un hijo. No en absoluto. El acto procreador del matrimonio o, respecto a eso, el gozo celebrador de la unión matrimonial (sencillamente por placer), ¡fue todo idea de Dios desde el comienzo!

Sin embargo, la señal de la virgen era absoluta, siendo exigida por Dios para indicar su intervención divina. El nacimiento virgen es un milagro que revela no solamente una maravilla sino también resuelve un problema básico: Para volverse Salvador de la humanidad, el Mesías debía ser de un nuevo orden.

- Solamente un «Hijo de Dios engendrado», engendrado afuera de la raza de Adán, pero engendrado dentro de ella, podía ser el santo Cordero del sacrificio.

- Solamente Dios encarnado era adecuado para volver a escribir el Génesis, para romper la maldición sobre la semilla de Adán y llegar a ser el fundador de la nueva creación: el segundo Adán.

Así que debía obtenerse una candidata virginal para este llamado divino a una maternidad tan sobrenatural. María satisfizo la exigencia, y que ella hubiera protegido su virginidad es encomiable, por cierto. Parece demostrar que María era, probablemente, una joven sensata y respetuosa, cuyo carácter y compromisos la llevaron más allá de toda consideración de coqueteos o promiscuidad.

Con estas bases de conducta, es también lógico concluir que unas cuantas otras cosas eran ciertas de María; devoción, responsabilidad, confiabilidad e inteligencia práctica hogareña. Como Dios la escogió para ser la mujer que criaría a su Hijo, es razonable suponer que ella tenía más cualidades valiosas que la simple pureza sexual. Pero con referencia específica a esa característica de ella mencionada con mayor frecuencia, nos enfrentamos a un problema. No, dos problemas.

El primero es un problema religioso de otra tradición histórica; el segundo, es un problema de tácita condena real ocasional.

El problema de la tradición religiosa

Primero, debemos tratar la tradición religiosa que reclama enseñar «la virginidad perpetua de María». La idea que propone este dogma es que María no sólo era virgen cuando fue concebido el Cristo niño, sino que también siguió virgen durante toda su vida. La «virginidad perpetua» alega que ella y José nunca consumaron su matrimonio, aun después que naciera Jesús.

No obstante las varias referencias a los hermanos y hermanas menores de Jesús (ver Mateo 12:46; Marcos 6:3; Juan 2:12), un grupo de líderes eclesiásticos creó el concepto de virginidad perpetua unos 600 años después que se completara el Nuevo Testamento. «Luego de dar milagrosamente a Dios», anunciaron, «¡hubiera sido increíble si María hubiera tenido entonces relaciones sexuales con San José!»

¿Por qué?

No hay razón santa o humana alguna para esta propuesta de última hora, a menos... a menos que estemos interesados en construir barreras para la fe. Porque tales invenciones imaginarias erigen efectivamente muros.

La *des*humanización o la *super*humanización de una persona que Dios ha usado atenta en contra de la posibilidad de fe expectante en los demás. La gente corriente desecha la esperanza, dudando de que ellos pudieran ser candidatos para las extraordinarias gracias de Dios.

Pero esta tradición no tiene base escritural ni es teológicamente necesaria. Ha servido solamente para mover a María a un mundo irreal fuera del ámbito alcanzable de nuestra identificación personal con su milagro.

Y esto es un problema. Porque cualquier cosa que confiera algo a María y que la separe de la clase de vida que lleva la gente normal, se vuelve un golpe para el bello mensaje de la Biblia de que Dios quiere obrar en toda persona la misma clase de cosa que obró en María.

- *¡Él quiere engendrar a Cristo en nosotros!*

«Yo llegué a ser un ministro [para servir en la tarea] ...dada a mí por ustedes, para cumplir la palabra de Dios, el misterio... ahora... revelado a sus santos... que es Cristo en ti, la esperanza de gloria» (Colosenses 1:25-27, versión libre).

ODO LO QUE NOS HAGA INCAPACES
PARA SENTIRNOS TAN PUROS COMO
MARÍA, PRODUCIRÁ EN SU OPORTUNIDAD
UNA SICOLOGÍA DE LA DESESPERACIÓN
RESPECTO DE LA HABILIDAD DE DIOS
PARA USARNOS, O PARA CAMBIAR
NUESTRO MUNDO POR ALGO QUE ÉL
PUDIERA HACER EN NOSOTROS.

- *¡Él quiere obrar gloria dentro de la humanidad!*

  Pero tenemos este tesoro en vasos de barro [cuerpos humanos ordinarios] para que la excelencia del poder sea de Dios, y no de nosotros.

  2 Corintios 4:7

- *¡Él es capaz de cumplir su voluntad en y por nosotros!*

  Porque Dios es el que en vosotros produce así el querer como el hacer, por su buena voluntad».

  Filipenses 2:13

El problema de la condenación

Sin embargo, hay todavía otro problema además del planteado por la tradición religiosa. Cuando se comenta la virginidad de María, especialmente porque fue un requisito para que ella fuera usada por Dios, puede aflorar a superficie un bloqueo tácito pero muy real y personal a la fe simple.

Con demasiada prontitud el espíritu de condenación puede asaltar y oponerse al espíritu de esperanza. Con una facilidad comprensible, las posibilidades personales de uno en la voluntad de Dios se ponen borrosas por la duda, como cualquiera de nosotros podría tentarse de alegar: «Mis pecados, especialmente los pecados de lujuria, imaginaria o real, claramente me descalifican para el milagro de María».

En efecto, todo lo que nos haga incapaces para sentirnos tan puros como María producirá oportunamente una sicología de la desesperanza respecto de la habilidad de Dios para usarnos o para cambiar nuestro mundo por algo que Él pudiera hacer en nosotros. Una sensación de intimidación que ata y paraliza a multitudes. Sea que nuestro fracaso se haya dado a través de la desobediencia sexual de las leyes de Dios, o de cualquier otro aspecto de la pureza violada, puede registrarse con demasiada prontitud un aplastante golpe a la fe triunfante.

Desafortunadamente, el santo respeto de una persona por la justicia se vuelve en un alejamiento impío de la creencia de que Dios puede obrar maravillas en él o ella. Pero, en cambio, el milagro de María está concebido para enseñarnos a todos nosotros: ¡tu santo Padre está listo para traer maravillas *a* ti, obrarlas *en* ti, para que, *a través de* ti, Él pueda cambiar al mundo *alrededor* tuyo!

Entonces, si el milagro de María exige una virgen para ser introducido, ¿es posible que estemos viviendo en un mundo de sueños al pensar que tales obras milagrosas están disponibles para nosotros? No es más lógico adoptar el razonamiento humano que pregunta:

> «¿No obra Dios solamente por medio de gente perfecta, los "santos" de espiritualidad lograda? ¿Gente "inmaculadamente concebida" que está divinamente destinada a ser excepciones? ¿La realiza "gente normal", espiritual y trascendente, más allá de nosotros, quienes fuimos diseñados solamente como peones, no como reinas ni reyes?»

O para insistir:

¿Cómo puede la gente que vive en el duro trabajo y la terrible presión de una sociedad inmunda obtener tal fe como la de María? ¿Acaso no prueba la perpetua negación de su humanidad — nunca saborear los gozos físicos del matrimonio— que ella y su milagro están fuera del alcance de las expectativas de la gran mayoría de todos los demás?»

El asunto de la inocencia es formidable. No puede desecharse a la ligera porque *es* cierto que el modelo de María revela que los «milagros de María» demandan candidatos vírgenes. Y si nuestras fallas humanas son de actitudes o de actos, mentales o físicas, sociales o privadas, sexuales o de otro tipo, entonces todos somos pecadores, con la voz de la culpa que dicta duda a nuestras almas, diciendo: «¡Olvídalo, tú no eres Santa María!»

Por supuesto, eso es cierto. Solamente una persona en la historia fue María de Nazaret, pero no se trata de eso. No es necesario reproducir con precisión a esa María, porque ninguno de nosotros es llamado a ser vehículos del mismo milagro que ella experimentó. Somos llamados solamente al mismo *orden* de posibilidades divinas que nos acontezcan.

Además, el poder que capacitó a María para experimentar su milagro no fue dado o ayudado por una santidad autoacumulada ni por su virginidad. La totalidad de la cosa extraordinaria que Dios hizo en ella fue producida por la promesa de Dios y por su poder. Y es el mismo poder prometido por el cual Él confiere santidad hoy.

Dios hace santos, no por edicto eclesiástico sino por medio de la justicia de su Hijo Jesucristo, una totalidad y santidad perfecta que Él atribuye por *su* edicto. Él confiere esto a los fracasados que van a Él con fe en el único Salvador, y es esta fe la que sigue calificando a cualquiera como candidato para el milagro de María. No solamente eleva al pecador más común o corrupto a la santidad instantánea, legitimada por el cielo, sino que también restaura la virginidad donde ésta ha sido perdida.

Conoce a San Teodoro.

Capítulo 7

San Teodoro

Ted estaba sumamente perturbado.

El hecho que ya fuera un creyente maduro, habiendo caminado con Cristo por más de diez años, parecía importar poco para su habilidad de tratar un obstáculo mayor en la senda de su vida. El día que entró en mi oficina para consejo no estaba siendo superficial ni emocionalmente exagerado. Él había pensado y probado; estaba harto, y mucho. Su descripción del problema y de la concomitante desesperación que sentía no era un discurso que se burlaba de la piedad ni tampoco un viaje de culpa autoinducida.

Un hombre santo aunque atormentado

—Pastor —empezó—, dudo francamente de poder llegar a ser el hombre que Dios quiere que sea. No lo molestaré con lo dramático; en realidad lo siento así. He pedido conversar con usted solamente porque parece que no voy a ninguna parte en cada aspecto de esfuerzos de oración y la Palabra.

—Vea —continuó—. He luchado tanto tiempo con algo que no es fácil de confesar. Aunque no he albergado hábitos carnales, el problema me molesta incesantemente, arrastrando mi mente y mi corazón a la desesperanza. El problema es sencillamente este: Aunque no he dado ni daré lugar a la infidelidad en mi matrimonio y aunque no me entrego a la pornografía, sigo luchando constantemente con pensamientos pornográficos sucios.

Muy frustrante para él era el hecho de que, pese a que no había cedido a los pecados a los cuales su mente lo convocaba, parecía que no podía escapar de esos pensamientos. Era un santo varón, que llevaba una vida consagrada de santidad, pero atormentado hasta el punto de la desesperación por una contaminación sexual que, insatisfecha, seguía dominando su mente.

Ted se sentía cualquier cosa menos santo, y todavía menos como candidato a creer que Dios podría hacer todo a través suyo. Para él el problema de la mente sucia constituía una especie de «virginidad perdida», si así podemos llamarlo.

En otras palabras, un milagro de «la clase» del de María, de la promesa y el poder de Cristo cambiando su mundo, parecía fuera de cuestión. Por su

parte, su lucha ciertamente eliminaba la probabilidad de que fuera una persona a la cual y por la
cual pudieran fluir la promesa y el poder de Dios.
Quizá algún día la misericordia de Dios sería suya
con la esperanza del cielo, pero aquí, ahora, él había
concluido: «¡Olvida todo lo del poder de Dios en
mi vida aquí en la tierra!».

Sentí el desgaste del hombre, la larga lucha de un
discípulo consagrado. Pero era claro que la sinceridad espiritual y la pureza anhelada no estaban
ganando la victoria que él buscaba. Entonces, mientras hablábamos, el Espíritu Santo me impulsó.

—Ted, me conoces bastante bien para saber que
la pregunta que estoy por formular nunca la haría
por una razón mezquina de curiosidad carnal, pero
permite que lo diga francamente: ¿Hay incidentes
de inmoralidad sexual física específica en tu pasado? quiero decir, antes de tu matrimonio y de tu
entrega a nuestro Señor Jesús?

Se dio vuelta, sus ojos miraron abajo por un
momento. Luego, lentamente, miró arriba, directo
a mis ojos, y lo que siguió fue una directa y franca
confesión. Había habido varios casos de fornica-
ción mientras estaba en la universidad. En uno de
ellos hasta pagó un aborto a la compañera de estudios que había embarazado.

Con ojos llorosos me dijo dos cosas. Primero, que
sabía que hacía mucho que había sido perdonado
por esos pecados. Ted entendía claramente que
cuando recibió a Cristo como Salvador, la gracia de
Dios había lavado su registro, dejándolo limpio a
los ojos del cielo. Cualquiera fuese su lucha, no se

debía a una interpretación superficial de la gracia de Dios que le fuera dada en la salvación.

Pero había una segunda cosa, algo fundamental en su tierna respuesta. Eso me indicaba que el mismo asunto que estábamos tocando era, de alguna forma, clave para su tan buscada liberación, pues ambos gustábamos el «testimonio» de que el Espíritu Santo nos había llevado al núcleo del problema. No estábamos tratando con un discípulo negligente o un hombre indulgente sino con un punto de atadura, un espíritu impío que se mofaba de un alma perdonada.

Lo que siguió mientras orábamos juntos no fue para ganar un perdón más profundo. No podemos mejorar la plenitud de la absolución de todo nuestro pecado, recibida cuando abrimos nuestras vidas a la gracia salvadora de Dios por medio de la sangre de la cruz de Jesús. Sin embargo, muchos creyentes nunca entran en una clara y gloriosa zona de liberación hasta que confrontan las obras mentirosas de las tinieblas, las que, a veces, apestan al redimido.

A menudo he hallado que el residuo de los pecados pasados de una persona, aunque perdonada por Dios, puede seguir acechando, de cierta forma, en el alma, como basura barrida debajo de la alfombra o acumulada en un rincón que se pudre. Esas «colecciones» se vuelven con toda facilidad un caldo de cultivo para las moscas del infierno, los favoritos de Belcebú. Donde el pasado supura de esta manera, por grandioso que haya sido el perdón del cielo, algo sigue amargando el alma en la tierra.

Liberado de las mentiras del enemigo

En el caso de Ted, estos asaltos del mal sucedían debido a una persistente sensación de no valer una sugerencia sutil indefinida pero no menos presente: «¡Cierto, estás perdonado! pero pecaste tanto más allá de lo corriente que las posibilidades de los mejores propósitos de Dios para tu vida nunca se realizarán».

Cuando esta clase de ideas asaltan a una persona, aun el más maduro de los creyentes queda estupefacto; pero los creyentes jóvenes inexpertos parecen completamente sofocados. Dado el tiempo, los espíritus mentirosos convencerán a tu alma:

- Que, de todos modos, mereces menos de lo mejor de Dios, así que considérate afortunado de ir al cielo y descarta los sueños de logros dinámicos en la tierra.

- Sería honesto si sencillamente te rindieras (quizá hasta te suicidaras y libraras a la tierra de tamaño obstáculo para los demás como eres tú). Vamos, sé honesto con los hechos ¡No tienes esperanzas, eres limitado, estás acabado!

En tales situaciones, las únicas cosas que parecen ilimitadas son las letanías de mentiras concebidas cuando el Señor de las Moscas deja zumbando al alma con dudas que golpean. Pero para tales luchas se puede hallar un lugar de refugio y descanso. Se halla en aplicar el principio del poder que libera ese orden de sanidad descrita por Santiago:

Confesaos vuestras ofensas unos a otros, y orad unos por otros, para que seáis sanados. La oración eficaz del justo puede mucho (Santiago 5:16).

Basado en esta y otras Escrituras, dirigí a Ted en un tiempo de oración. Cada aspecto del pasado y las mentiras que se habían adosado a él fue todo llevado a la cobertura de la sangre de Cristo. Oramos que la sangre que ya había reconciliado a Ted con nuestro Padre celestial ahora obrara su poder liberador del alma sobre los lazos demoníacos que procuraban atarlo en tierra.

Al invitar las proclamas del Calvario, se desencadenó un santo poder que la condenación del infierno no pudo soportar. El fruto de la ruptura de Ted fue:

- Una nueva sensación de gozo en su vida

- Un derrumbe completo de los pensamientos malos

- Una brillante expectativa del expansivo propósito de Dios en y a través de su vida; tanto en casa como profesionalmente.

Sucedió. Su propio milagro de María fue «concebido» en Ted poco después, y hoy es uno de los hombres más efectivos que conozco. Y está libre y es fructífero en todo aspecto de su vid, vocacional y domésticamente, como así mismo en su servicio para Cristo. Pero por maravillosos que hayan llegado a ser los nuevos comienzos (o mejor decir los «nuevos engendramientos") de la experiencia de Ted, no sé si alguien lo llama San Teodoro, salvo Dios.

¡Dios nos llama «santos»!

¿Te das cuenta de eso, no? El Todopoderoso Dios, que solo habita en perfecta santidad y justo esplendor, llama «santos» a la gente más corriente. La palabra significa «sagrados», lo cual hace aun más asombrosa su manera de llamarlos, considerando que el mejor de nosotros dista considerablemente de la exigente definición de «santo» que da el diccionario:

- «Exaltado o digno de completa devoción como alguien perfecto en bondad y justicia».

- «Divino o teniendo una cualidad divina».

Estas palabras describen algo o a alguien mucho más allá de esa «persona corriente» cuya descripción he dado para los potenciales candidatos al milagro de María, la gente a través de los cuales se multiplica la clase de bendiciones de María. Y es precisamente esta definición la que desanima a la esperanza de tantos santos, haciendo que algunos piensen: *¡Retrocede rápido, antes que te engañe el diablo para que te creas demasiado!*

Pero la verdad de la Palabra de Dios muestra que Él usa ese término una y otra vez para describirnos a todos nosotros, los que nos hemos abierto a su amor:

> *Juntadme mis santos, los que hicieron conmigo pacto con sacrificio. Y los cielos declararán su justicia, porque Dios es el juez.*

> Salmo 50:5-6

Este antiguo cántico resuena con las razones de la imperturbable voluntad de Dios para llamar «santos» a las personas como nosotros.

Primero, porque ellos han sellado un «pacto», un arreglo contractual con Él mediante «sacrificio». Segundo, porque este acuerdo responde plenamente a, y se alinea con, la norma divina de justicia. Así pues, como Juez titular y soberano del universo entero, su declaración se coloca por encima de todo: «¡Ellos son santos!»

¡Es de ti y de mí de quien Él está hablando, amado! Y, por supuesto, el sacrificio que realiza esta transacción es la muerte de Jesucristo en la cruz (2 Corintios 5:17,19,21):

- *¡Él nos hizo enteramente nuevos!*

    «De modo que si alguno está en Cristo, nueva criatura es; las cosas viejas pasaron; he aquí todas son hechas nuevas».

- *¡Nuestro registro pasado está aclarado por entero!*

    «Dios estaba en Cristo reconciliando consigo al mundo, no tomándoles en cuenta a los hombres sus pecados, y nos encargó a nosotros la palabra de la reconciliación».

- *¡La santidad de Cristo es enteramente nuestra!*

    «Al que no conoció pecado [Jesús, su Hijo], por nosotros lo hizo pecado, para que fuésemos hechos justicia de Dios en él [esto es, depositando nuestra confianza del perdón en Jesucristo]».

La conclusión sumaria en la declaración del tribunal que Dios ha puesto permanentemente en sus propios archivos celestiales es esta: ¡El prontuario perfecto sin pecado de su Hijo Jesús ha sido transferido a nuestra cuenta personal!

Esta es la razón por la cual Dios no puede mantener solamente un rostro imperturbable cuando nos llama «mis santos», sino también al declararlo, y así Él se adelanta a ofrecernos todas las posibilidades que uno esperaría estuvieran a disposición de un hijo del Hacedor de la creación y Rey de la salvación!

Una esperanza liberadora de la fe

A estas verdades permíteme agregar otra maravilla. Hay una lección bíblica en los poderes restauradores que este Dios, quien nos trata de «santos», confiere con su completo perdón de nuestros pecados. Lo que deseo que veamos elude a menudo algunos ojos, porque parece casi demasiado glorioso para creerlo. Pero debemos *ver* y *creer* a la vez. Es peculiarmente esencial para nosotros en este estudio particular, porque a través de la profunda falla de cierto grupo de personas de la Biblia, luego a través de su plena restauración, la esperanza liberadora de la fe puede destilarse en nuestras almas.

Miremos juntos algunos hombres y mujeres, cuyas experiencias pueden asegurarnos que las posibilidades del milagro de María aún se aplican a nosotros, por más manchado que sea nuestro pasado.

ᴇL MILAGRO DE MARÍA,
CON SUS SEMILLAS DE PROMESA,
ABRIÓ EL CAMINO PARA QUE TED SE
VOLVIERA EL HOMBRE TAL COMO FUE-
RA CONCEBIDO PARA SER, Y, LUEGO,
REDIMIDO PARA LLEGAR A SER TAL.

Fue de Corinto, la ciudad del antiguo mundo romano, que estaba tan pervertida y corrupta en lo sexual debido a toda indulgencia imaginable, que se derivó la palabra «corintio», que llegaría a ser un adjetivo globalmente usado para decir «podrido hasta la médula».

Pablo había llevado el Evangelio de Cristo a ese lugar y, escribiendo su primera carta a ellos años después, recuerda lo que habían sido *antes* y lo que ahora habían *llegado a ser* en Cristo. Él hace una lista de sus malas obras pasadas: fornicarios, idólatras, adúlteros, homosexuales, sodomitas, ladrones, insaciablemente indulgentes, borrachos, buscaplei-tos, extorsionadores.

Luego de reiterar el recuerdo de esta historia anterior de ellos, que se habían revolcado en nuestro pozo negro de fallas humanas, él afirma de nuevo: «Y esto erais algunos». Luego, en un gran golpe de pluma, declara, «mas ya habéis sido *lavados*, ya habéis sido *santificados*, ya habéis sido *justificados* [esto es, ¡declarado completamente "no culpable"!] en el nombre del Señor Jesús».[2]

¡Asombroso! A pesar de todo lo lejos que tenían de «virginal» en sus conductas, él declara la verdad del Evangelio: «Ya habéis sido lavados». Todo esto sería bastante maravilloso, sólo en los términos de esta gloriosa gracia de Dios para perdonar tan completamente. Pero en su segunda carta a los corintios, Pablo formula una declaración aun más asombrosa.

A estos corintios, muchos de los cuales habían sido profundamente marcados por el pecado en tantísimos puntos grotesco de extrema impureza, el apóstol les escribe de nuevo: «Porque os celo con celo de Dios; pues os he desposado con un solo esposo, para presentaros como una virgen pura a Cristo». (2 Corintios 11:2)

¿Oíste eso, querido? *Una virgen pura.* ¡Mira esta asombrosa declaración de la nueva creación en la Palabra de Dios! Mira cómo los otrora adictos al pecado y al sexo son ahora declarados «¡virginales!» ¿Puedes imaginar una declaración más desmedida de cuán vastas son las posibilidades de los poderes restauradores de Dios, en cuanto Él se pone a recuperar gente arruinada, quebrada o manchada por el pecado?

Por supuesto, el texto no sugiere una restauración física del himen humano, la membrana del cuerpo de la mujer que es desgarrada en la primera vez que tiene relaciones sexuales. Pablo testifica más bien a gente de ambos sexos, hombres y mujeres por igual, diciéndoles: «El Espíritu de Dios puede devolverte esa cualidad del alma pura, simple, inocente; puede renovarte tan completamente que tu corazón se haga como el de una virgen, de modo que tu vida y tu amor puedan pertenecer a tu Señor por completo, iy sin vergüenza, miedo o duda!»

Así fue con Ted.

«Sí, señor Teodoro», puede haber dicho ese día Dios, «Estoy listo para dar a luz una nueva libertad a través tuyo». El milagro de María está a plena disposición para un hombre que ha fornicado, e incluso financiado el aborto de su conquista, de la misma forma en como lo estuvo para la sexualmente pura virgen de Nazaret.

Debido al compromiso de Ted para confiar en Jesús como su Salvador, él fue considerado como incondicionalmente aceptado, perdonado y santo a los ojos del cielo. Y cuando él vio cómo la realidad eterna abría la promesa de la victoria temporal, iél se embarazó!

El milagro de María —con sus semillas de promesa— abrió el camino para que Ted se volviera el hombre para el que fuera primeramente creado y, luego, redimido para llegar a ser tal.

La promesa del milagro de María está igualmente disponible en cualquier punto de la vida de cualquier persona de la tierra que crea, y que luego se abra: cualquiera que crea en Jesucristo como Hijo de Dios, el Salvador resurrecto, y que luego se abra al despliegue de las posibilidades que ofrece el Padre.

Cualquiera sea el problema que se enfrente, cualquiera sea el miedo, la duda, la relación debilitada, la esperanza que huye, el sueño o deseo que parece inalcanzable, los «santos» pueden recibir el nacimiento de algo nuevo.

Pero primero tienes que embarazarte.

Tercera parte

La forma en que los milagros ocurren

> «Respondiendo el ángel, le dijo: El Espíritu Santo vendrá sobre ti, y el poder del Altísimo te cubrirá con su sombra; por lo cual también el Santo Ser que nacerá, será llamado Hijo de Dios».

> Lucas 1:35

La tradición religiosa procesa con demasiada frecuencia a los milagros como «artefactos» del pasado; definidos así y defendidos como tales como para evitar la posibilidad de que esperemos uno hoy, o *cada día*.

> «Entonces el ángel le dijo: María, no temas, porque has hallado gracia delante de Dios. Y ahora concebirás en tu vientre, y darás a luz un hijo, y llamarás su

nombre Jesús. Este será grande, y será llamado Hijo del Altísimo; y el Señor Dios le dará el trono de David su padre; y reinará sobre la casa de Jacob para siempre, y su reino no tendrá fin. Entonces María dijo al ángel: ¿Cómo será esto?, pues no conozco varón. Respondiendo el ángel, le dijo: El Espíritu Santo vendrá sobre ti, y el poder del Altísimo te cubrirá con su sombra; por lo cual también el Santo Ser que nacerá, será llamado Hijo de Dios. Y he aquí tu parienta Elisabet, ella también ha concebido hijo en su vejez; y este es el sexto mes para ella, la que llamaban estéril; porque nada hay imposible para Dios. Entonces María dijo: He aquí la sierva del Señor; hágase conmigo conforme a tu palabra».

Lucas 1:30-38

Capítulo 8

Las cosas que dicen los ángeles

No habíamos planeado este bebé. Pero hay una ineludible ley del amor casado de que, si estás abierto a su expresión, la vida tiene su forma de multiplicarse. Y el amor también. El amor iba a ser prontamente escrito en las tres caritas frente a nosotros.

Anna y yo habíamos llamado a los niños a la sala después de que los platos de la cena habían sido lavados. Ellos no habían esperado mucho de una especie de breve reunión familiar —tal vez un repaso de algo que haríamos ese fin de semana o un ítem de significado relativamente pequeño. Pero había más guardado para nosotros de lo que alguno de ellos imaginaba.

—Niños —comencé—, mamá y yo queremos tomarnos unos minutos para hablar de algo que va a pasar, porque sabemos que todos ustedes querrán saberlo antes de que se lo contemos a los demás.

Ellos no tenían la menor idea. El menor tenía siete años, y junto con su hermano de nueve y su hermana de once pensaban lo que Anna y yo habíamos creído antes: que habíamos completado nuestra familia. Pero todo eso tenía que cambiar ahora.

Estábamos todos sentados en el suelo, frente al viejo aparato de calefacción que fue arreglado con un poco de más elegancia, poniéndole una alfombra alrededor. Era a comienzos del otoño, las clases se habían reanudado y las tareas estaban esperando a que terminara de hablarles, así que fui directo al punto. Estirándome para tomar la mano de Anna, sonreí y le dije al trío:

—Mamá va a tener un bebé.

La sala se electrizó. La cara de Becki, la mayor, se quebrantó con una sonrisa lenta que parecía ir de pared a pared. Jack lucía atónito y su manita se abrió mientras la levantaba y se daba una palmada en la frente, como diciendo «¡No lo puedo creer!» Los ojos de Mark —y luego su voz— expresaron su perplejidad:

—Pensé que Mamá era demasiado vieja para tener más bebés.

Y por nuestra parte, aunque todavía estábamos por nuestros treinta y tantos, habíamos sido sorprendidos unas pocas semanas antes, tal como lo estaban ahora nuestros hijos.

Ese agradable recuerdo está hoy ya una generación atrás, porque ese bebé —nuestra hija Christa— está casada y tiene un bebé propio, nacido en el Día de Acción de Gracias pasado. Pero el gozo de ese recuerdo llega mucho más allá de la sorpresa inicial que tuvimos Anna y yo, o aquella vivida por nuestros hijos.

El nacimiento de Christa, que fue una bienvenida agregada —aunque difícilmente significaba una comodidad para nuestros planes cuidadosamente elaborados— se volvió una lección práctica de la planificación de la sabiduría de Dios, opuesta a la nuestra: «Como son más altos los cielos que la tierra, así son mis caminos más altos que vuestros caminos, y mis pensamientos más que vuestros pensamientos» (Isaías 55:9).

Poco sabíamos que ese bebé era dado como señal de una era enteramente nueva de nuestras vidas. Pues apenas había nacido cuando el Espíritu Santo empezó a inquietarnos respecto de nuevas sendas. Ellas se abrieron por medio de un vuelco dirigido por el Espíritu Santo, que resultó en que aceptamos un oscuro y pequeño pastorado en el Valle de San Fernando, California, que eventualmente llegaría a ser La Iglesia del Camino. Nuestra gozosa aceptación de un embarazo inesperado se volvió plataforma de lanzamiento de un continuo flujo de maravillas.

«Bebés sorpresas»

Mirando atrás, no puedo eludir el sentimiento de que los dos sucesos estaban ligados en el plan de

Dios para nosotros. Es como si Él hubiera estado probando nuestra disposición para permitirle alterar nuestros planes y poner en marcha el suyo en una nueva dimensión de obra milagrosa.

¿Cuán probable es que, aun cuando estés leyendo esto, el Padre tenga un «bebé sorpresa» para ti, quiero decir, un nuevo vuelco con maravillas que esperan por delante?

Yo sé esto: Cualquiera sean sus promesas para tu futuro, dos cosas son ciertas al respecto.

Primero, son buenas: «Porque yo sé los planes que tengo acerca de vosotros —declara el Señor— planes de bienestar y no de calamidad, para daros un futuro y una esperanza» (Jeremías 29:11, B.d.l.A.).

Segundo, sus promesas obran solamente en y por medio de aquellos dispuestos a «embarazarse». (Efectivamente, pienso que es hora de confesarte que el propósito de mi corazón al escribir este libro es la esperanza de que el mayor número posible de gente haga precisamente esto «que se embarace»).

Por supuesto, este orden de embarazo está sujeto a cualquier cantidad de definiciones en su obrar *externo,* pero en cuanto a su obrar *interno* empieza con nuestra prontitud personal de corazón para abrirnos al llamado de Dios.

Responder a ese llamado puede conducir al camino a su amoroso propósito, a su promesa viva y a su poder transformador. Pero he hallado que la mayoría de nosotros se abre solamente en el grado en que confiamos en Él, y que responde solamente en el grado en que creemos que Él está consagrado a bendecir nuestras vidas, no a estropearlas.

El llamado de Dios para ti

La visita de Gabriel a María extendió la invitación del Padre celestial. Y las cosas que dijo el ángel estaban cargadas con esperanza para el mundo de María y para que la gloria llenara el futuro. Escucha estas frases porque las cosas que los ángeles dicen nos dan un indicio de la manera de pensar de Dios cuando Él nos llama al plan que se ha propuesto para nuestras vidas.

- Él será grande (Lucas 1:32).

- El Señor Dios le dará el trono (Lucas 1:32).

- De que su reino no tendrá fin (Lucas 1:33).

No puedo instarte con suficiente fuerza para que dejes que estas palabras se instalen en tu propia alma porque, como el milagro de María, ellas también son un género —una «clase» de cosas que Dios hace. Aunque fueron dichas sobre Jesús, a quien daría nacimiento María, la verdad, más verdadera que nunca, es que este mismo Jesús ha venido a habitar en nosotros. Y el propósito de su entrada no es solamente habitar *con* nosotros sino también extender su reino *por medio de* nosotros.

Tantos amados creyentes solamente piensan este «extender» en términos de deberes religiosos, aceptando las disciplinas cristianas y tratando de «ser buenos». De esta forma, intentar dominar nuestras limitaciones tratando de cultivar la autodisciplina se torna un esfuerzo espiritual desgastante. Pero el plan de nuestro Padre es dar a luz la vida de Cristo *en* nosotros, no exigir su vida *de* nosotros.

Tengo una «palabra» angélica para ti sobre esto, la misma dicha por los pastores: «Os ha nacido hoy un Salvador». Hay un nuevo recurso de vida disponible para cada nuevo día y, también, un nuevo desafío. Dios quiere revelar sus obras «sorpresa» en nuevas dimensiones de gozo que no hubiésemos pensado posibles. Sea que busques responder a su llamado a un nuevo ámbito de servicio, o trates de superar un viejo problema que te ha causado estrés, te invito a «escuchar a los ángeles».

Este enfoque del milagro de María del crecimiento y la victoria no es indoloro ni libre de problemas tener bebés nunca lo es. Pero es vivo y radiante, lleno de gozo, antes que hacer juegos de mano con las piezas metálicas de un «Juego-cristiano-de-hágalo-usted-mismo». Los caminos sorpresa de Dios son superiores a nuestros mejores esfuerzos *en todo*, aun en el tratar de vivir para Él. Él se ocupa de engendrar vida y dar a luz, precisamente porque produce hijos e hijas, no robots.

La buena noticia del Evangelio no termina con nuestro nuevo nacimiento. Continúa anunciando las posibilidades de bebés sorpresa adicionales y periódicos nacimientos de bendiciones que hacen posible un nuevo crecimiento, y siempre a través del poder de la nueva gracia. Tal flujo de vida a nosotros, en nosotros y a través de nosotros, cambia las cosas alrededor nuestro a medida que hallamos:

- Liberación del pecado más dominante de la vida, al romperse hábitos y el perdón que echa fuera a la culpa.

- Fulgor brillando en los rincones más oscuros de la vida, a medida que el amor entra y echa fuera al miedo.

- Providencia desplegada para la necesidad más profunda de la vida, a medida que la abundancia de Dios echa fuera nuestra carencia.

- Fuerza que fluye a enfocarse en el punto más débil de la vida, a medida que la capacitación divina echa fuera al fracaso.

- Salud que brota en el lugar más adolorido de la vida, a medida que el Sanador mismo empieza a echar fuera el dolor.

Escucha a los ángeles

El milagro de María es el medio por el cual se conciben estas posibilidades, pero un embarazo sano requiere, primero, que escuchemos a los ángeles; que nos sintonicemos en el mensaje real que viene del trono de Dios. Eso no ha cambiado.

Si algo es consistente sobre la revelación de que Dios se inclina para alcanzarnos, es la realidad del incesante flujo de amor que Él nos extiende a todos nosotros. Los ángeles lo declaran:

- Los ángeles vienen a Abraham y Sara a decirles que el niño que siempre habían querido —y que habían sido incapaces de concebir— estaría llegando (ver Génesis 18:1-15).

- Los ángeles se aparecen a Jacob, subiendo y bajando de una escalera que une al cielo y la tierra, y él recibe la segura promesa de Dios para su futuro (ver Génesis 28:10-22).

- El ángel va adelante del pueblo de Israel durante su viaje por el desierto, para llevarlos a su destino y herencia señalados (ver Éxodo 23:20-33).

- El Ángel del Señor viene a Gedeón en un momento en que él se oculta por miedo y le declara el alto propósito y destino de Dios para su vida (ver Jueces 6:11-23).

- Un ángel viene a Daniel y, en respuesta a la apasionada oración del hombre, le trae una palabra profética cargada de esperanza y promesa futura (ver Daniel 10:1-21).

- El Ángel del Señor se une a los tres muchachos hebreos en medio del ígneo horno, trayendo liberación y reivindicando la causa de ellos (ver Daniel 3:24-28).

- Un ángel viene a Pedro después de que Herodes lo había encerrado en lo más recóndito de la prisión, y milagrosamente dirige el camino a la libertad a través de una serie de obstáculos (ver Hechos 12:6-11).

- Un ángel se aparece a Pablo, remecido por la tempestad de alta mar de una tormenta de invierno del Mediterráneo, y le asegura que su vida será resguardada y su viaje será exitoso (ver Hechos 27:23,24).

- Los ángeles traen a Juan los mensajes de la victoria final de Cristo, mientras cumple una sentencia injustamente dictada en la isla de Patmos. Allí Jesús lo visita, llevándole paz y promesa (ver Apocalipsis 1:9-20; 19:9,10; 22:6).

Escucha, amado. Escucha la palabra de Dios para ti, porque su Espíritu sigue inspirando mensajes hoy al susurrar palabras a tu alma.

Los mensajes de los ángeles vienen hoy más frecuentemente por medio del ministerio del Espíritu Santo, sea por don profético, prédica vital, impulsos personales o lectura devocional de las Escrituras. Pero dicen las misma cosas maravillosas que siempre han dicho. ¿Por qué? Porque Dios es el mismo Amante, Consolador, Amigo y Creador de sus «cosas buenas» para sus hijos, de igual manera en que siempre lo ha sido.

Dios quiere que su mensaje de aliento nos llegue, porque de lo contrario nuestras mentes se ensordecerán con el rugido de la circunstancia y nuestros corazones se cerrarán a la esperanza. Pero la Palabra de Dios, traída por dichos mensajes a nosotros, ya sea en la quietud de nuestros corazones, el silencio de nuestra habitación o por cualquiera de las docenas de medios que Él pueda emplear, *esa* Palabra te y me está llamando a escuchar y a abrirnos a la promesa de esperanza del amor, cualquiera sea nuestra situación.

¿Qué estás enfrentando o pasando, que necesite se diga promesa del cielo —entonces que nazca en medio de ello?

Vuelve atrás un momento y mira a los nueve ejemplos de la lista anterior, casos en que hablaron los ángeles y trajeron la voluntad y la promesa de la palabra de Dios. Advertirás que cada una de ellas tiene una aplicación práctica hoy, y que ver comparaciones no es ponerse a jugar. Dios quiere que veamos estos incidentes y sepamos que están concebidos para ser vistos como ventanas por las cuales vemos sus caminos —y entonces creamos en sus promesas.

> *«Porque las cosas que se escribieron antes, para nuestra enseñanza se escribieron, a fin de que por la paciencia y la consolación de las Escrituras, tengamos esperanza».*

Romanos 15:4

Las palabras dichas por los ángeles en los días de antes fueron escritas para hablarnos a nosotros. Ellas nos dicen que Dios quiere:

1. Cumplir nuestros anhelos
2. Asegurar nuestro futuro
3. Dar dirección segura
4. Estimular una autoimagen santa
5. Señalar un mañana más brillante
6. Pasarnos a través del fuego de la vida
7. Librarnos de las cárceles de la vida
8. Pasarnos a salvo por enmedio de las tormentas de la vida
9. Llevarnos a la victoria final

Esa es la clase de esperanza y promesa que Dios quiere que la gente oiga y reciba. Los ángeles también saben eso.

Si María hubiera preguntado, ¿alguien le hubiera dicho, «Escucha a los ángeles, niña»?

Probablemente no.

Pero porque María escuchó al ángel, se embarazó con la promesa más grandiosa del mundo, aquella que respondió a toda necesidad humana y que sigue satisfaciendo la sed de perdón, sentido y destino de toda persona. El milagro de María, entonces, apunta una senda para que la promesa recurrente venga a la experiencia real: Empiezas por escuchar, recibiendo el mensaje de esperanza y creyendo la promesa:

> *«Este [Cristo en ti] será grande, [esto es, satisfará y excederá todas las expectativas]»*

> Lucas 1:32

> *«El Señor Dios [que te creó] le dará el trono [esto es, la presencia y el poder de Jesús para reinar sobre todo lo que se te oponga]».*

> Lucas 1:32

> *«Y su reino [que es la gracia soberana manifiesta de Dios en tu vida, expulsando lo que trata de derrotarte o desanimarte] no tendrá fin [porque Él ha venido para quedarse, no para distraerte con muestras]».*

> Lucas 1:33

Dar a luz la grandeza a partir de la basura

Me encontré por primera vez con Phil en la sala de espera del aeropuerto, donde esperaba un vuelo a Europa. Nunca llegamos a conocernos bien, pero tuve oportunidad de hablarle tres o cuatro veces en la temporada que siguió a ese primer encuentro.

La primera vez que nos encontramos él se mostró tímido e introvertido, nada de seguro, porque nuestra reunión ocurrió al reconocerme él por mis presentaciones en televisión. No quería parecer como un adolescente que se arroja sobre una figura deportiva o un hombre del espectáculo. Sin embargo, me dio un regalo sencillo y barato pero explicó brevemente su significado para él, lo que hizo del pequeño presente una atención inapreciable para mí.

Tiempo después tuve la oportunidad de conversar más largamente con Phil. Ese es el día en que «lo dijo todo», para decirlo de alguna forma.

—Pastor Jack —sonrió—, espero que no entienda mal mi felicidad por tener la oportunidad de conversar con usted, aunque sea corto y nuestros contactos sean escasos. Peor tengo que decirle algo, porque usted es más importante para mi situación de vida de lo que podría saber.

Siendo un hombre más bien bajo y de aspecto en nada presumido, le devolví su sonrisa y le puse mi mano en su hombro, como diciendo, «Siéntase cómodo amigo. Adelante». Me quedé callado y solamente oí.

—Vea, pastor —empezó, y entonces sus ojos se pusieron levemente llorosos—. Yo soy un hombre de la basura.

Phil trató de retener el llanto, luego ahogó una risita cohibida. —No me entienda mal —explicó, mientras enjugaba sus ojos—. No lloro porque sea un recolector de basura.

Ahora empezó a limpiar sus anteojos con un pañuelo mientras proseguía.

—En realidad me va muy bien, y estoy seguro que no piensa que yo sea menos por mi profesión.

Los anteojos en su lugar, los ojos secos pero brillosos, continuó. —Pero hay algo de mi trabajo que me hace pensar menos de mí mismo de lo que me daba cuenta. Lo hubiera negado pero era la verdad. No pensaba que yo tuviera significado real, más allá de sencillamente ir viviendo día a día. Sí, conocía al Señor, pero entonces, eso era un pasaje al cielo. Nunca comprendí realmente cómo me veía Dios a mí, y cuán grandes eran sus propósitos para mi vida, hasta que empecé a sintonizar la transmisión de su programa.

Entonces me miró cara a cara, teniendo el porte sin afectación, aunque esbelto como un heredero real.

—¡Jack, Jesús lo usó a usted para ayudarme a apropiarme de Efesios 1:18! Los ojos de mi entendimiento [corazón] se iluminaron como el sol brillando a toda fuerza, y pude verme en la manera en que Dios Padre me ve. Cambió mi vida.

El hombre era una majestad en camisa deportiva, la realeza en "jean". Él finalizó con estas palabras.

—He oído bastante de usted para conocerlo y me doy cuenta que entiende lo que quiero decir, porque usted es suficientemente sabio para saber que es Dios quien lo hace todo. Pero usted, pastor Jack, fue la voz de Dios diciéndome su mensaje, y ayudándome a aprender cómo abrirme a él. Como le dije, cambió mi vida. Ya le he agradecido a Dios

por eso. Pero solamente quería tener la oportunidad de agradecerle también a usted.

Mis emociones estaban esponjadas a esta altura
y mis ojos también brillaban, como los suyos.

**LAS PALABRAS DEL ÁNGEL
INTRODUJERON RUMORES DE
GRANDEZA, PROMETIDA POR EL CIELO,
A LOS TERRESTRES QUE RECIBIERAN
LA ESPERANZA QUE EMBARAZA,
Y QUE DA A LUZ LAS POSIBILIDADES
DEL REINO DE DIOS DENTRO DE ELLOS.**

—Entiendo Phil, y le agradezco. Gracias por
dejar que las promesas de Dios entraran en usted
para que pudieran multiplicarse y seguir pasando
lo que Él multiplica a los demás.

Lo abracé, y mientras lo hacía sentí un ligero
temblor de emoción recorrer a un hombre que,
como supe después, había visto su persona desgarrada por tiempos duros a comienzos de su vida, y
posteriormente por relaciones dolorosas.

Pero Phil estaba embarazado: podía notar eso. El
milagro de María estaba dando a luz la grandeza de
la basura, y la fragancia de la persona de Cristo en
este hombre estaba bellamente evidenciada.

En efecto, Phil me había llamado ángel: un mensajero que trae la esperanza, promesa y propósito de Dios a él; diciendo la verdad de que hay un poder que puede cambiar todo, recuperar a todos y traer la victoria de Dios cada vez.

Él había escuchado, y las palabras «del ángel» habían introducido rumores de grandeza prometida por el cielo, a los terrestres que recibieran la esperanza que embaraza y da a luz las posibilidades del reino de Dios dentro de ellos.

Los «bebés sorpresa» del amante propósito del Padre esperan para nacer. El milagro de María empieza hablando de la disponibilidad de ellos para nacer. Pero que ellos sean engendrados requiere más que una promesa.

Su concepción necesita también del poder dador de vida.

Capítulo 9

¿En qué forma?

La palabra «concebir» es empleada en dos formas: (1) quedar embarazada y (2) imaginar o recibir una idea u opinión. Sea que mencione a un bebé en el vientre o un bombardero militar en el pizarrón de los diseños, ambas acepciones se refieren como haber sido concebidos.

La palabra «dar a luz» también se usa, por lo menos, en dos formas: (1) para describir el nacimiento de un niño, y (2) para declarar la liberación de una persona o criatura.

Entender la vida a través del milagro de María

Parece más que accidental que estos dos términos, «concebir» y «alumbrar» converjan en las dos partes de la anatomía humana que transmiten vida: el corazón y el útero. Concebimos en ambos y alumbramos de ambos.

Concepción. Se dice que la gente concibe ideas o planes en sus corazones aunque sus mentes puedan participar. Proverbios 23:7 dice que la forma en que el hombre piensa en su corazón es la manera real de ser que tiene, y el fruto de lo que el hombre *permite que entre* a su ser en lo referente a actitudes. Paralelo con esto, los bebés son el resultado biológico natural de la unión sexual; esto es, son también el fruto de lo que *se permite entrar* fisiológicamente al útero.

Alumbramiento. Alumbramos tanto del corazón como del vientre. Mateo 12:34 comenta «porque de la abundancia del corazón habla la boca». Además, no sólo alumbramos el contenido de nuestros corazones, sino que también tenemos la capacidad de alumbrar almas en la medida que nuestros corazones repartan amor, vida y salvación por medio de nuestro testimonio. De nuevo entonces, en el paralelo con el ámbito físico, el refrán corriente anunciará la llegada de un recién nacido diciendo «nació a las 8:13 de la noche».

La idea de efectuar estas simples observaciones del uso de las palabras es que ilustran cómo nuestra cultura integra corrientemente el ámbito biológico/físico con el sicológico/espiritual. Nuestro paralelo analógico no es ni un ejercicio forzado ni extendido.

Unir ambos, como lo hacemos en nuestra discusión del milagro de María, es consistente con las maneras en que pensamos y vivimos y nos expresamos, sea que lo hayamos advertido o no antes.

Para decirlo sucintamente, todo lo de la vida que es fructífero, multiplicador o creativamente reproductivo y satisfactorio es estudiado de la misma manera. Concebimos y alumbramos; recibimos la semilla de una *idea* o el esperma que engendra un *niño* y, en cada caso, la vida es liberada o fructifica en nuevas dimensiones.

Entender el milagro de María es entender la vida. Es entender la manera en que tú y yo podemos movernos más allá de lo que pueda limitar nuestra capacidad para llegar a ser «socios» de nuestro Padre celestial, abriendo nuestros seres a su poder creador como asimismo a su gracia redentora. El milagro de María es vital para nuestro entendimiento y aplicación, porque despliega los principios por los cuales el santo poder de Dios puede introducirse en las humildes situaciones humanas; como la gracia redentora y creadora de Dios usa a gente como nosotros para cumplir los propósitos y las posibilidades del cielo en la tierra. Así que, ¿de qué manera podemos realizar estas posibilidades viendo nuestros propios límites humanos?

Vivimos en un mundo hambriento de poder

Ningún monto de esfuerzo humano parece demasiado grande para gastarlo en la búsqueda de mayor poder. Un Alejandro o un Napoleón mandarán ejércitos; un enloquecido Hitler arrasará un continente y asaltará a un antiguo grupo de gente; un Dillinger ametrallará a sus socios igual que a sus adversarios; todo un planeta buscará el dominio nuclear a casi cualquier costo.

Por otro lado, cuando la tecnología, las finanzas o la fuerza militar pierden interés o se vuelven incapaces de satisfacer la sed de poder del hombre, los más desesperados y engañados se volcarán al espiritualmente malo o al ocultismo. La gente cultivará la magia negra, buscará el control mental, el intercambio con los demonios y consultará los poderes de las tinieblas. Sea que busquen poder por medio de la guerra o de hechiceros, el resultado final es el mismo inevitablemente: La cacería del poder por parte de la humanidad siempre termina en atadura, esclavitud, destrucción, y finalmente, la muerte.

Entra la joven de Nazaret.

En María, el Dios que nos creó a todos con un hambre de significado (un hambre tan a menudo desviado a la búsqueda del poder) proporcionó la posibilidad de verdadera realización y satisfacción. Empezaría en el niño concebido y alumbrado por María, pues Él daría a la humanidad la salida de la trampa mortal de la pérdida eterna. Y es en María que Dios también corrió el velo del patrón por el cual podemos ser liberados de la trampa vital de la impotencia humana.

Ese vacío de poder —de «poder liberador y libertador»— es lo que tantos sienten y es lo que nos hace anhelar sustitutos carnales. La búsqueda de ganar un mejor control de nuestra situación, de nuestro entorno, de nuestras relaciones, conduce a

multitudes por callejones sin salida a la búsqueda
de poder, de alguna forma, hacer que las cosas
funcionen.

Entra la paloma del cielo.

Es irónico. Dios ha ordenado que nuestra lección
definitiva para hallar y entender el poder que nece-
sitamos para vivir exitosamente converja en una
mera jovencita y una gentil paloma. Una vez más,
descubrimos la manera en que los caminos de Dios
desafían nuestros sistemas, y cómo su mente niega
nuestras suposiciones. Así que Dios nos llama a
todos a Nazaret a que aprendamos de la vida, del
poder y sobre cómo funciona todo eso.

¿Cómo será esto?

Ahora llegamos al punto en que Gabriel ha anun-
ciado el propósito de esta visita divina, y María está
maravillándose ante la misericordia de Dios. Pero,
estando tan familiarizados con el libreto, la mayoría
de nosotros pasa corriendo demasiado rápido por
lo que hubiera sido un enigma absoluto para ella.
Hemos leído la historia, pero ella no. Y justo ahora
su cabeza da vuelta con una pregunta elemental,
justo cuando su corazón tiene una sobrecogedora
sensación de la gracia de Dios.

*Perdóneme señor Angel. Espero no parecer igno-
rante o irreverente por preguntar pero, ¿de qué manera será esto en este mundo en que yo vivo? Especialmente, señor, desde que yo no he estado con un
hombre, como usted sabe. Por favor, con exactitud,
¿cómo voy a tener este bebé?*

Me he tomado algunas libertades con el texto real, por supuesto. Pero pienso, dada la situación sin precedentes e inimaginable que encaraba María, que es posible que su mente haya jugado con unos cuantos pensamientos más que los que dijo. También tengo un propósito en mi elaboración de los supuestos pensamientos de María.

Difícilmente pase un día en que no hable con alguien que suena muy parecido a lo que he sugerido que María podría haber pensado, gente que se relaciona con el ángel casi exactamente como hizo María.

- Ese es un proyecto valedero Jack, pero no sé si tengo lo necesario para hacerlo.

- Sí, pastor. Sé que esa es la forma en que debiera manejar mis respuestas cuando mi marido [esposa] dice [o hace] esto, pero no tengo la paciencia (o confianza, o corazón, o fuerza de voluntad].

- Seguramente, sé que esa es la forma de considerar el problema y creo que la Palabra de Dios muestra la respuesta, pero, honestamente, no pienso que tenga la fe necesaria.

- Toda la cosa lleva mucho tiempo en mi espalda. Estoy listo para rendirme. Es más de lo que alguna vez haya imaginado y he decidido que ciertamente es más de lo que puedo tolerar.

Y la cosa sigue la gente «golpeada» por la vida y sintiéndose golpeada «porque no tengo lo necesario».

Así que volvamos a María y a Gabriel y a las siguientes palabras del ángel, porque lo que dijo ese día el mensajero de Dios, venido del cielo, a una muchacha que preguntaba, es la única respuesta capaz de entregar el poder necesario para resolver o transformar cualquier dilema humano. Cuando María preguntó «¿Cómo será esto?», el ángel replicó:

> *«Respondiendo el ángel, le dijo: El Espíritu Santo vendrá sobre ti, y el poder del Altísimo te cubrirá con su sombra; por lo cual también el Santo Ser que nacerá, será llamado Hijo de Dios».*

Lucas 1:35

Estas palabras dan el único recurso suficiente y satisfactorio, capaz de engendrar vida a la vez que hacerla funcionar. El mismo Espíritu presente en la creación del Génesis, que sacó vida y orden del vacío y del caos, es Aquel que el cielo todavía receta.

*D*IOS PADRE CREADOR CREÓ,
Y DIOS ESPÍRITU SANTO ADMINISTRÓ
TIERNAMENTE EL PODER NECESARIO
PARA CUMPLIR LO HUMANAMENTE
IMPOSIBLE.

El poder que obró la palabra y voluntad de Dios al comienzo del orden creado, es el mismo poder que hace que la palabra y voluntad de Dios pasen en el orden de la redención: el Espíritu Santo. Y Él es aquella anunciada fuente de poder para cumplir la orden de Cristo en y a través de nuestras vidas hoy:

> *Recibid el Espíritu Santo ... [y] recibiréis poder cuando haya venido sobre vosotros el Espíritu Santo; ... porque el amor de Dios ha sido derramado en nuestros corazones ... a fin de que, arraigados y cimentados en amor, seáis plenamente capaces de comprender ... a Aquel que es poderoso para hacer todas las cosas mucho más abundantemente de lo que pedimos o entendemos, según el poder que actúa en nosotros.*
>
> Juan 20:22; Hechos 1:8; Romanos 5:5;
> Efesios 3:17-20

No debemos mistificar ni enturbiar las dos expresiones que usa el ángel para describir la nueva visita creadora del poder del Espíritu Santo, disponible para venir sobre y dentro de María. Nada místico ni carnalmente sugerente hay. Las francas palabras «vendrá sobre» y «te cubrirá» dejan en claro dos cosas en el texto griego, y deben ser entendidas con igual simplicidad y belleza en inglés. El sencillo lenguaje nos da la plena verdad: Dios Padre Creador *creó* y Dios Espíritu Santo *administró* tiernamente el poder necesario para cumplir lo humanamente imposible.

Esta obra de Dios, de volver una esperanza en realidad, es, a la vez, gentil y pura. Ningún dínamo explosivo de rayos láser fulgura con las concomitantes luces estroboscópicas. Y, por cierto, queda claro que nada puede ser entendido como una experiencia sobrenatural de relación sexual. La santa voluntad de Dios, obrando sus propósitos, y engendrando a su santo Hijo por el santo poder de su Espíritu Santo.

Sin sudar.

Sin sugestividad.

Pero hubo una entrega.

Este es un punto sensible de nuestra analogía. Quiero ser cuidadoso, no sea que alguien piense que soy grosero. Pero el consentimiento de María fue esencial. Ella no fue obligada a aceptar su misión. La misma verdad se aplica hoy a ti y a mí. Dios busca vasos dispuestos que *confíen* en Él y se abran voluntariamente a Él. Él no nos «seducirá» con engaños ni «violará» nuestras voluntades con poder soberano. En el milagro de María se nos muestra que nuestra entrega es necesaria —con amante confianza y fe reposada.

La respuesta necesaria

Después que el ángel explicara a María cómo tendría lugar la concepción, ella tenía aún que dar su consentimiento. Y lo hizo. Está expresado en sus palabras: «He aquí la sierva del Señor; hágase conmigo conforme a tu palabra».

Esta es una importante respuesta, discernidora, especialmente cuando notamos la respuesta anterior de Gabriel a la pregunta de ella. *Entonces* el ángel había dicho: « El *poder* del Espíritu Santo hará esto». Pero *ahora* María dice «Hágase conmigo conforme a tu *palabra*».

Ahí hay un mensaje: responde a la común pregunta, ¿qué es más importante o dinámico en el orden de las operaciones del reino de Dios: su Espíritu o su Palabra?

La respuesta es ¡sí, ambas!

Tenemos que decir «¡Amén!» a la proclamación de la verdad de la Palabra de Dios, y decir «¡Aleluya!» a la presencia de su Espíritu de poder, y somos llamados a verlos como igualmente esenciales, igualmente energizantes, y para ser certeros, ellos igualmente abrazados.

No tenemos un video grabado del momento en que María concibió, pero tenemos unas palabras tiernamente cálidas y bellas: «Vendrá sobre», «Te cubrirá», y ambas sugieren *presencia*. Y no tenemos que ofrecer disculpas por la elevada probabilidad de que el momento haya estado lleno de emoción. Sin embargo, con y junto a «presencia» y «emoción», descubrimos *promesa* y *razón*. Se nos da una explicación lógica muy razonada respecto del porqué la promesa escrita es capaz de llegar a ser hecho físico. Gabriel explica: «Ninguna palabra de Dios carece del poder inherente para cumplir su intención». Esta es la traducción más exacta de las palabras de Lucas 1:27: «Nada hay imposible para Dios». La declaración del ángel de que el poder del Espíritu estará *presente* es ampliada con la explicación: *Dentro de cada promesa de Dios están las semillas dadoras de vida, dadoras de luz, de poder necesarias para cumplir lo que Dios ha dicho.*

Así pues el milagro de María es obrado con equilibrio: una razón es dada para hablar a la mente, y una presencia es manifiesta, la que inevitablemente revolverá las emociones. Como Dios ha creado a ambos, intelecto y emociones, no hay razón para creer que ambas fueron vivificados en este momento de encuentro, sino que hay un impelente motivo para que nos abramos a y deseemos la vivificación de nuestras mente y emociones también.

El milagro de María no solamente nos invita a creer que Dios está listo par obrar maravillas en y a través de nosotros, sino que también se nos muestra cómo será esto. Tenemos que librarnos de dudas y miedos, abrirnos a la Palabra (disipar la duda) y al Espíritu (echar fuera al miedo). Por oscuro o estéril que sea la matriz de la circunstancia, hay un poder de vida que la Palabra de Dios nos *explica* y hay un poder de amor que su Espíritu está listo para *expandir* en nosotros. Su verdad y su gracia están a la mano. Ahora. Pero después que todo esto que se ha dicho, sigue habiendo algo que espera ser hecho.

Entrega.

Someterse a las condiciones de la promesa de Dios.

Someterse al movimiento del Espíritu de Dios.

Recordando una lucha personal

Recuerdo mi propia búsqueda de la llenura (o «bautismo») del Espíritu Santo. Fue durante mis años de universidad y mi mente, muy universitaria, estaba activa con preguntas analíticas sobre lo que Dios me haría si yo abandonaba por completo mi corazón a las posibilidades de un bautismo milagroso una visita divina del Espíritu Santo de Dios. Intervenían elementos reales de una lucha personal.

Mi estudio del Nuevo Testamento me garantiza-
ba mi creencia de que este encuentro sería más que
algo intelectualmente aséptico podía estar «manchado» por mi compromiso emocional. (¡Ciertamente no podía permitir eso!)

Pero habiendo estudiado las experiencias de varias personalidades de la Biblia y no podía negar
que alabar, profetizar, hablar en lenguas, adorar,
regocijarse —todas esas respuestas— ocurrían en
diferentes situaciones. La tolerancia de la emoción
por parte de estas sensibles y sensatas personalidades bíblicas era evidente. Debido a que no podía
desmantelar la base bíblica de estas clases de respuestas o manifestaciones, finalmente me rendí a
Dios. Decidí batallar con mis miedos cohibidos. (Y, a
lo largo del camino, descubrí y confesé que, para mí,
había no poco orgullo personal que tratar también).

La honestidad me forzaba a aceptar un hecho:
Permitir que Dios tuviera el control *completo* significaba que me arriesgaba a perder *mi* control. Aunque creía que nuestro Padre nunca ridiculizaría a
nadie que corriera ese riesgo, seguía siendo caute-
loso. Pero, entonces, recordé que Jesús prometía
seguridad en tal entrega; y que el engaño satánico
o el autoengaño es imposible cuando la entrega
plena es dada al Padre —y en su presencia.

Nuestro llamado es a rendirnos a Dios —plenamente y sin reservas, abandonarnos a su voluntad y
obrar en nuestras vidas. Es para alentarnos y profun-
dizar la prontitud a «soltar y dejar actuar a Dios».
Miremos algunas «experiencias de entrega» de personas clave de la Biblia:

- Abraham es testigo del fuego de la presencia de Dios, que consume su sacrificio cuando se entrega al pacto de Dios (ver Génesis 15).

- Moisés es llamado a pararse descalzo (un acto de humildad) cuando es convocado a rendirse al llamado de Dios en la zarza ardiente (ver Éxodo 3).

- A Samuel se le dice que conteste a la voz que lo llama en la noche, cuando se rinde a su misión-vida (ver 1 Samuel 3).

- David danza desinhibidamente con un elevado despliegue de gozo, rindiendo toda pretensión mientras adora a Dios (ver 2 Samuel 6).

- Isaías ve la gloria *shekinah* de Dios y grita con la convicción de pecado, mientras se rinde a su llamado profético (ver Isaías 6).

- Pedro es criticado y ridiculizado por parecer ebrio cuando habla en lenguas, rindiéndose a la llenura del Espíritu (ver Hechos 2).

- Pablo tropieza, ciego, con su orgullo y con los prejuicios barridos por el poder de Dios, llevando su entrega a las proclamas del Salvador (ver Hechos 9).

- Juan se postra en la presencia de Cristo; aunque era un santo maduro y experto, no está por encima de la fresca entrega a su Rey (ver Apocalipsis 1).

Mi premisa, al buscar la llenura del Espíritu Santo, era: No hay una manera «correcta» de abrirse al más pleno movimiento del Espíritu de Dios. A la fecha parece la mejor regla: Si queremos un milagro de María, tenemos que abrirnos a que el Espíritu Santo venga sobre nosotros y que nos cubra el poder del Altísimo.

«Venir sobre» (*eperchomai*) habla literalmente de un poder mayor que vence a una persona más débil, y se usa en un contexto tan simple como para describir el sueño que se apodera de un alma agotada. «Cubrir» (*episkiadzo*) refleja alas que se abren, simbolizando la calidad de "superior y poderoso" de Dios, en cuya sombra superior es, comparativamente, dejada toda la humanidad.

En resumen: se nos invita a confiar y a abrirnos al potente pero gentil poder de Dios. Nunca he conocido que la «gracia milagrosa» sea revelada por la mano de Dios, aparte de la «pérdida de prestigio» otorgada por los humanos. La salvación del alma humana solamente origina que la voluntad humana confiese nuestro pecado e impotencia sin Dios. La recuperación solamente viene frente a la honestidad; la liberación, solamente en la estela de la humildad. El milagro de María ofrece la senda a las obras maravillosas de Dios —¡indudablemente!, pero el costo de abrirse a su poder, de obrar en y a través de, nosotros es elevado: diciéndolo con palabras de Andrew Murray, es *«la entrega absoluta»*.

Rendirse a su poder

Mi primera visita a Nazaret fue hace más de 25 años, cuando andaba investigando el sitio que procura preservar la probable localización del antiguo hogar de María. Mientras estaba allá me cautivó una escultura delicadamente diseñada, una representación de buen gusto de María en el momento de la concepción.

Aunque he visitado Israel con frecuencia en viajes de estudio, pasaron más de veinte años antes que volviera a visitar ese lugar particular. Sin embargo, más tarde volví especialmente porque Anna, mi esposa, no había estado conmigo en aquel primer viaje y yo quería que ella viera esa estatua.

Cuando llegamos al sitio, me decepcioné. La pieza escultórica había sido sacada, dijo nuestro guía, «porque el sacerdote dijo que la gente prestaba demasiada atención a la estatua». Al inquirir más, supe que no fue porque ellos adoraran la estatua sino porque su calor único los cautivaba, como a mí, debido a su humanidad. (Evidentemente no era lo suficientemente austera para las autoridades religiosas).

Al intentar describirla a mi esposa, sintiendo pena porque ella no podría verla como lo había hecho yo años antes, hallé difícil expresar lo que había visto. Algo de la pieza respiraba genuina confianza una apertura a Dios. El artista había capturado el espíritu de la «acogida» de María al Espíritu Santo, para que la cubriera y obrar su gracia milagrosa dentro de ella.

Mientras buscaba las palabras, dije:

—Querida, no era sexualmente sugerente sino que la única manera que puedo describirla es... ella parecía estar diciendo...

Me detuve, obstaculizado en las palabras.

Pero Anna terminó la frase:

—Ella estaba diciendo, «Soy tuya».

Mis ojos se humedecieron y mi corazón se entibió cuando Anna dijo esas palabras.

—¡Exactamente! —respondí, casi ahogándome con la palabra, mientras sentía el impacto emocional de su entendimiento de mujer.

Pues sin abaratar lo que realmente ocurrió cuando María se abrió plenamente al Espíritu de Dios, mi esposa expresó tiernamente lo que sólo una mujer amante y confiada puede entender. Rendirse significa abrirse plena, pura y humildemente a la presencia del amor; presentarse a uno mismo sin pretensiones ni autodefensas, y decir, «Soy tuyo, amado Señor».

Y es así que tú y yo tenemos que decidir. El asunto es sin interferencia sexual o límite de género, pues el milagro de María hoy espera participantes en sus posibilidades maravillosas que abran sus brazos en abierta bienvenida al Espíritu de Dios, y abracen su flujo más pleno de amor, vida y poder de milagro.

Embarazarse con la promesa de Dios requiere el poder de Dios —recibido con humildad y aceptado sin reservas. Una vez que te hayas abierto a eso, encontrarás que la experiencia de la «clase» de milagro de María te hará lo que un embarazo natural le hace a todas.

Te agrandará.

Cuarta parte

Aprendiendo a crecer con un milagro

Entonces María dijo: He aquí la sierva del Señor; hágase conmigo conforme a tu palabra. Y el ángel se fue de su presencia. En aquellos días, levantándose María, fue de prisa a la montaña, a una ciudad de Judá; y entró en casa de Zacarías, y saludó a Elisabet.

Lucas 1:38-40

Los milagros no son bienvenidos a este mundo como podríamos esperar o pensar. Cuando recibes uno, probablemente halles que es más exigente de ejecutar, alumbrar y vivir con él de lo que fue concebirlo en su comienzo.

«Y aconteció que cuando oyó Elisabet la salutación de María, la criatura saltó en su vientre; y Elisabet fue llena del Espíritu Santo, y exclamó a gran voz, y dijo: Bendita tú entre las mujeres, y bendito el fruto de tu vientre. ¿Por qué se me concede esto a mí que la madre de mi Señor venga a mí? Porque tan pronto como llegó la voz de tu salutación a mis oídos, la criatura saltó de alegría en mi vientre. Y bienaventurada la que creyó, porque se cumplirá lo que le fue dicho de parte del Señor.

Entonces María dijo: Engrandece mi alma al Señor; y mi espíritu se regocija en Dios mi Salvador. Porque ha mirado la bajeza de su sierva; pues he aquí, desde ahora me dirán bienaventurada todas las generaciones. Porque me ha hecho grandes cosas el Poderoso; Santo es su nombre».

Lucas 1:41-49

Capítulo 10

Tener un bebé te agrandará

El fresco de la noche primaveral de Indiana aún flotaba levemente en el aire mientras caminaba rápidamente hacia el automóvil. Los signos de la aurora estaban en el cielo oriental, aunque probablemente aún le faltaba al sol una hora para irse por completo.

Era la mañana de Pascua.

Anna descansaba ahora. Catorce horas de parto habían sido dejadas atrás, y nuestro primer hijo, una niña, estaba en la sala de maternidad, en el tercer piso del edificio.

Si me acuesto de inmediato, puede que duerma tres horas antes de tener que levantarme para ir a la iglesia, pensé para mí mismo. *La gente va a extasiarse.*

¡Sabía que yo sí! Rebecca Lynn Hayford había sido traída al mundo tan sólo una hora antes, y ahora éramos una familia plenamente florecida. Mi entusiasmo era tan evidente y rico que la pequeña «baja» del proceso de parto de Anna no parecía marcar ninguna diferencia.

Un cambio físico

Algo se había torcido durante el alumbramiento.

Es un recuerdo indeleble. El doctor estaba tan ansiosamente preocupado que yo entendiera claramente, que su tono al describir lo que había pasado me asustó.

—Señor Hayford, hay algo que tengo que decirle del estado físico de su esposa.

No sonaba urgido, pero las palabras mismas parecieron ominosas, y lo que probablemente fue una especie de disculpa porque las cosas no salieron perfectas, sonó con un matiz de tragedia. Aunque habíamos terminado con las sonrisas y las felicitaciones mientras yo estudiaba la diminuta forma del bebé sólo minutos antes, él había captado toda mi atención. Él debe haber captado mi preocupada mirada, porque inmediatamente adoptó un abordamiento menos amenazante.

—No hay en realidad de qué preocuparse, Jack, pues Anna está muy bien, pero quiero que sepa que algo le pasó a ella. No es nada raro, pero normalmente no se puede reparar. Un músculo abdominal grande se torció, lo que significa que ahora habrá ciertos límites para la plena recuperación de su forma normal. No será invisible, pues, por cierto se notará. Lo lamento, pero sencillamente es el costo que a veces tiene tener y alumbrar un hijo.

Le formulé preguntas dirigidas a asegurarme que nada grave había en la situación. Cuando estuve finalmente seguro de que todo lo involucrado era sólo la estética, me tranquilicé.

Hasta entonces, ni Anna ni yo nos hacíamos ilusiones de que la vida no exigiera algún pago en nuestros cuerpos. (Por ejemplo, yo ya había empezado a quedarme calvo y no me ponía nervioso por eso). A los veintitantos, vivir y envejecer no eran amenazas, ni lo han sido a medida que se han ido acumulando los años. Pero el episodio viene a la mente mientras estudiamos el milagro de María porque, tal como con mi esposa, así es con todo nosotros: Tener un bebé te agrandará.

La Biblia no menciona si María tuvo mareos matinales, cuántas marcas del estiramiento de la piel (estrías, que le llaman) o cuán largo fue el trabajo de parto en el alumbramiento del Salvador del mundo. Pero estas cosas de la vida van junto con los elementos fundamentales que explican «de donde vienen los bebés».

Aunque el de María vino de fuente diferente de cualquier otro infante de la historia, los costos e inconvenientes físicos, junto con los malestares y las náuseas que acompañan a la mayoría de los embarazos normales, deben haber sido suyos también.

Probablemente serán tuyos también.

Contando el costo

Tal como la fe de María fue agrandada para concebir, su cuerpo fue agrandado para llevar y alumbrar. La analogía del milagro de María tiene mucho que decirnos e inquirirnos también. Permite que plantee unas pocas preguntas:

1. ¿Estás dispuesto a cambiar tu «figura esbelta de muchacha» por un cuerpo «ligeramente usado»?

Con eso quiero decir, por supuesto, que abrirse al milagro de María puede cambiar la forma de tu vida, especialmente a los ojos de los demás. Si me preocupan las apariencias y me interesa demasiado cómo me mira la gente, puede que reniege de la oferta de Dios de obrar maravillas a través de mí.

Tal como algunas mujeres optan por no embarazase porque no están dispuestas a perder la belleza de sus cuerpos para dar vida y crecimiento a otra persona, así pasa con algunos santos. El pensamiento de ser visto con «marcas de estiramiento» espiritual les parece grotesco.

Estas estrías suelen venir, por ejemplo, en razón de que la persona recibe una nueva plenitud dimensionada del «nuevo vino» que ofrece Jesús. Para la gente envuelta muy estrechamente en la seguridad de los sistemas conocidos, Jesús dijo que es arriesgado que beban de su vino. Si puede hacer reventar a los odres viejos, podemos estar seguros de que ciertamente agrandará aun al creyente más flexible.

¡Inevitablemente, la obra expansiva del Espíritu Santo —con poder nuevo dando vida nueva— puede y quiere cambiar tu forma para siempre!

> 2. ¿Estás dispuesto a vivir con el hecho de que el embarazo cambiará espectacularmente la forma en que caminas?

Todos nos damos cuenta de que un feto que crece hincha la zona abdominal, y hemos visto cómo el cuerpo gana kilos y una diferente distribución del peso crea un nuevo centro de gravedad. En los últimos meses, la mujer embarazada parece andar más como un pato que como un ser humano. Es parte del proceso —aceptado, quizá causa sonrisas y, ocasionalmente, admirado— pero es una marcha definitivamente diferente.

Uno de mis más nuevos amigos en el ministerio es un hombre cuya vida ha sido drásticamente afectada; Dios ha empezado a moverse en despliegues habituales de poder milagroso a través de él. Ha sido una carga incómoda de llevar, especialmente porque algunos de los observadores se perturban con el camino diferente al que lo ha llamado Dios.

Los críticos regañan o se burlan a pesar de la ineludible autenticidad de muchos milagros. Ellos parecen olvidadizos o indiferentes al hecho de que, como mi amigo fue abierto a este «embarazo», cientos de personas afligidas y enfermas han sido sanadas, liberadas o llevadas a Cristo.

La gente suele preocuparse e interesarse más por el aplomo social que por el poder espiritual.

Ahora bien, tu experiencia o la mía con el milagro de María puede no involucrar un aspecto tan ampliamente visible o vulnerable, de diferencia observable en nuestro caminar como ha sido con mi amigo. Pero ten la seguridad, querido, de que en cuanto permitas que Dios obre nuevas dimensiones de la vida de Cristo en ti por el poder del Espíritu Santo, eso afectará la forma como vives, tanto a ojos humanos como a los de Dios.

- Nuestro caminar con Él se tornará más dependiente.

- Nuestro caminar ante los amigos y colegas se volverá más notoriamente como «su caminar».

- Nuestro caminar ante el mundo que observa será evaluado con mayor frecuencia por los demás, destacando la necesidad de mostrarnos confiables y con propósito.

Estos cambios no están concebidos para ser pretensiones de piedad, forzados por la repentina sensación de una necesidad de parecer religiosos. En cambio, (y gracias que esto es verdadero), estos rasgos de cambio pueden llegar y desarrollarse con una cualidad natural y deseable, algo que hará que los observadores normales, acríticos, respondan en forma positiva.

Has oído que la gente dice: «Una mujer nunca es más bella que cuando está embarazada». Sea o no que siempre sea verdad en el ámbito biológico, el Espíritu de Dios puede hacerlo verdadero en ti y en mí en nuestro caminar espiritual, agrandado con el milagro de María. Podemos parecer diferentes, pero también podemos llegar a ser bellos.

¿Una nueva dieta?

3. ¿Estás dispuesto a aceptar una nueva y disciplinada dieta, y un nuevo patrón para rechazar la autosatisfacción, puesto que ahora estás siendo abierto para vivir tu vida para más que tú mismo?

Los carteles advierten, los doctores aconsejan y las mujeres sabias escuchan: Cuando estés embarazada, ciertas sustancias deben ser evitadas absolutamente y deben observarse cuidadosamente ciertas precauciones dietéticas.

EL PASO HACIA LA ADULTEZ ESPIRITUAL QUE ESTÁ CARACTERIZADO POR LA DECISIÓN DE ABRIRSE AL MILAGRO DE MARÍA, Y EXIGE EL FIN DE LAS SATISFACCIONES PERSONALES INFANTILES.

No es necesario elaborar lo obvio, porque la analogía probablemente ya esté suficientemente clara para ti. Una vez que me comprometo a que venga el Espíritu Santo, a obrar su gracia mayor e incrementada gloria en mi vida, me equivoco si pienso que lo que ingiera no importa.

Mi ingestión —por medio de mi vida social, mis intereses de esparcimiento, mis hábitos personales o hasta mis tolerancias en el contenido de la conversación, todo precisará moverse hacia la madurez. Pablo dijo: «Mas cuando ya fui hombre, dejé lo que era de niño» (1ª Corintios 13:11). El paso a la adultez espiritual que se caracteriza por la decisión de abrirse al milagro de María exige el fin de las satisfacciones personales infantiles.

Pero ten cautela, y también discernimiento.

Ha habido una tradición de «armar listas», en ciertos lugares y momentos de la vida de Iglesia, la pasada y la presente. Tales listas suelen indicar reglas rituales o series de requerimientos que un grupo dado espera de sus componentes para verificar la «santidad» del miembro. La aceptación de la persona en la congregación está determinada por ello. Efectivamente, la habilidad de una persona para esperar la bendición de Dios suele ir ligada a tales esquemas de desempeño.

Pero el nuevo camino del que hablo no nace de tal presión externa. En cambio, deriva de algo —mejor dicho, de *Alguien*— que hace crecer su vida y sus maravillas dentro de ti, y nunca esperemos copiar un camino sino sólo aceptarlo con sensibilidad y gracia.

Las listas se tornan inevitablemente contraproducentes. Suelen introducir un decepcionador orgullo en aquellos que cumplen las exigencias de sus pares y, frecuentemente, tienden a impulsar la rebelión de los rechazados por su imperfección. La santidad práctica verdadera no puede legislarse; al mismo tiempo, debe ser anhelada.

Así pues, todos los «santos embarazados» deben ser discernidores. La llamada a un camino de maravilla con el Señor no es una propuesta de peso ligero, pues el peso de la gloria que Él empieza a producir dentro de nosotros, en la medida que nos abrimos a su Espíritu, merece ser honrado por su verdadero valor.

Como un bebé dentro del vientre exige una juiciosa sensibilidad a la pureza, disciplina y abnegación, así un milagro en proceso interior recomienda lo mismo. Los milagros no son producto de nuestra entrega a un caminar más digno con Dios, porque nuestro valor no es lo que engendra el potencial de sus maravillas. Sin embargo, el descuido puede arruinar o abortar un milagro de María en progreso. Las tragedias ocurridas a ministerios de elevado perfil son ilustraciones tristes aunque elocuentes de esto.

Camina suavemente, querido. Tu vida interior, diseñada para multiplicar y bendecir a muchos fuera de ti, no es frágil sino preciosa. Trátala de esa manera.

Podemos aprender mucho entre Nazaret y Belén.

Capítulo 11

Cuando vuelves a estar sola

Hay un candor a menudo inadvertido en la frase «y el ángel se fue de su presencia» (Lucas 1:38). Lo que probablemente se pase por alto en forma casual más a menudo, es una nota al pie de página sin importancia y de transición respecto de los rasgos esenciales del relato, pero realmente es la observación de un hecho crítico: Los milagros concebidos en los elevados momentos de la fe tienen que ser todavía llevados a través de largas temporadas de espera.

Un tiempo de preguntas y dudas

Primero, asegurémonos de que la partida del ángel no fue un acto de abandono de María, aunque por cierto debe haber establecido el escenario para un autocuestionamiento solitario.

Propongo que María se cuestionó cosas como las siguientes, porque todos nosotros, los que hemos saboreado alguna vez siquiera la más ligera dulzura de las promesas de Dios que están siendo engendradas en nosotros, nos hemos preguntado cosas parecidas. Una vez que se fue el ángel, cuando te vuelves a quedar solo, son inevitables pensamientos como estos:

> ¿Oí, en realidad, lo que pienso que oí? ¿O me habré convencido de alguna forma para creer que Dios va a hacer algo grande en y a través de mí?
>
> Si realmente soy una persona amada y escogida que está abierta a ser un vector de la gracia y la bendición engendradora de vida de Dios, ¿por qué me siento tan no sobrenatural ahora, y tan solitario?
>
> ¿Qué me va a pasar ahora? Estaba abierto a algo maravilloso, y experimenté un comienzo genuinamente maravilloso, pero nada maravilloso está pasando que yo pueda ver —no aquí ni ahora.

¿Te has preguntado alguna vez cuál fue la reacción de María a la primera señal que recibió, revelando que el milagro prometido a ella estaba pasando realmente —creciendo dentro de ella?

Desde el punto de vista más básico de la observación humana, todos sabemos esto: Su primera señal puede haber sido *ninguna señal en absoluto*.

Puede que parezca muy mundano mencionarlo, o que yo pueda impactar a alguien como quien formula un comentario demasiado humano para observar —posiblemente hasta de mal gusto—, pero la primera señal de María puede haber sido recién cuando su ciclo mensual no llegó en el momento habitual; esto es, «ninguna señal en absoluto».

Esa observación, obvia, no debiera sorprendernos ni tampoco lo que sugiere. Porque cuando se recibe la promesa de un milagro y se pone genuinamente en marcha, la cosa más común que pasa es nada —o menos que nada.

Tú recibiste a Cristo en una iglesia o en la reunión de un grupo, pero al día siguiente, en tu casa, la ausencia de personas afirmándote y el desvanecimiento de la emoción, provocaron una pregunta: ¿Dios se fijó en realidad? ¿Puede esto ser realmente verdadero? ¿Yo? ¿Completamente perdonado? ¿Salvado para siempre? Esa siguiente mañana sin señales tiene, a veces, ramificaciones más duras aún.

- Estás abierto a la promesa de Dios de que tu matrimonio puede ser sanado y que tu relación puede volverse más firme, ...y explota una fiera discusión entre ustedes.

- Recibes una revolución de fe que te convence con la certeza de que tu caprichoso niño será reclamado, ...y él se va de juerga con las drogas.

- Ves un quiebre maravilloso de la vida de adoración de tu congregación, que promete un avivamiento real; entonces una visita interrumpe la reunión matutina del domingo con un despliegue de fanatismo que manda a la congregación de vuelta a su anterior reserva, trabando la calidez y las expectativas.

Este orden de «la primera señal no es ninguna señal en absoluto» —o peor, la desaparición de las señales esperanzadoras que hayas tenido— puede muy bien haber sido también una lucha para María.

Considera esto: ¿Es posible que al faltar su ciclo regular no le diera seguridad a María? ¿Es posible que en vez de pensar alabado sea Dios, esto prueba que el milagro está pasando, ella se hubiera tentado a pensar otra cosa?

¿Puede que haya pensado *quizá todo esto es algo de lo que, sencillamente, yo me convencí. ¿Cuánto hace de esto, dos semanas desde que pensé que había hablado con ese ángel, y dónde está él desde entonces?*

¿Puede que ella haya recordado conversaciones con su madre, sus hermanas u otras mujeres —señoras que sabían que, a veces, el exceso de entusiasmo puede demorar o interrumpir la pauta menstrual?

¡Quizá esto es todo. Estoy agotada, excitada, sin razón real para estarlo, fuera de mi muy activa imaginación! (Dicho sea de paso, ¿dónde están los ángeles cuando realmente los necesitas?)

No pienses que es menos fe o menos santo que María haya podido tener tales sentimientos o pensado tales preguntas.

Es una franca vergüenza que se haya enseñado la falacia de que la gente con dudas no puede agradar a Dios. Este argumento mentiroso surge de textos como «todo lo que no proviene de fe, es pecado» (Romanos 14:23), y «No piense, pues, quien tal haga, que recibirá cosa alguna del Señor. El hombre de doble ánimo es inconstante en todos sus caminos» (Santiago 1:7-8).

Pero eso no es toda la verdad. Recuerda también que Sara se rió con maravilla casi escéptica y, de todos modos, concibió el milagro de Isaac. Gedeón lanzó el reto diciendo «nunca he visto milagros en mi tiempo» y Dios le dio maravillosa victoria. Pedro se hundió en las aguas de Galilea, distraído por la duda, pero fue levantado para caminar en una maravilla de nuevo.

Claramente, ninguno de los dos textos anteriores, como tampoco otros de la Palabra de Dios, nos descartan de las posibilidades de milagro, simplemente porque somos tentados con las dudas o preguntas. Una cosa es luchar con las dudas y otra es someterse a ellas; una cosa es luchar con las preguntas y otra es responderlas con razonamientos humanos en vez de hacerlo con la Palabra de Dios.

Donde Dios ofrece posibilidades de milagro, nunca olvides esto: Dado que es su soberana gracia la que ha hecho la promesa, será su omnipotente poder lo que va a cumplirla.

Somos los vasos privilegiados de tales obras gloriosas y nuestra apertura es esencial para que ocurran. Pero tampoco somos los originadores ni los finalizadores de tales maravillas. Sencillamente somos sus amados, que han optado por rendirse a su deseo de obrar maravillosamente en y a través de nosotros.

María no llegó a ser el cumplimiento de Isaías 7:14 por repetir la promesa una y otra vez hasta que convencerse de que la había reclamado adecuadamente para ella. («Una virgen concebirá... Una virgen concebirá... Una virgen concebirá... Alabado sea Dios. ¡Creo que eso es para mí!»).

Por otro lado, no cometamos el error: María *optó* por recibir esa palabra cuando Dios mismo se la ofreció. Ella *se entregó* al Espíritu Santo, el cual estaba presente para iniciar el flujo potente de santa gracia que, eventualmente, cumpliría esa palabra.

Aun más, esas entregas no deshumanizan a nadie. Toda la narrativa bíblica sobre María revela su vulnerabilidad a la tentación de la duda en otros momentos. No hay razón para sentir que esto disminuye a la dulce mujer o a su milagro, si pensamos que ella «se preguntaba» a sí misma.

Y nada de la Biblia exige, a ti ni a mí, que nos volvamos declamadores mecánicos de la Escritura para que se cumpla la Palabra de Dios en nuestras vidas.

- ¡Sí, debemos declarar las promesas de Dios!

- ¡Sí, debemos enfrentar la duda con la Palabra de Dios!

- ¡Sí, debemos rechazar la contestación con nuestros labios de lo que el Espíritu de Dios ha revelado en la Escrituras y vivificado en nuestros corazones!

Pero nunca, *nunca* volvernos desesperanzados, condenados o derrotados porque la duda levante su cabeza o porque vengan preguntas a tu mente. Cuando estás portando un milagro, habrá veces en que poco o nada sucederá para verificar tu embarazo, o algo que pueda parecer a punto de abortarlo.

Temporadas de dilema

Viví este dilema hace pocos años cuando una propiedad maravillosa fue puesta a disposición para que nuestra congregación la adquiriera. Nuestra estrecha situación y las posibilidades de nuestro ministerio en desarrollo recomendaban que nos inclináramos a comprar, cosa desafiante que comprendía varios millones de dólares.

Aunque no le había dicho a la congregación antes de esto que hacía unos diez años que el Espíritu Santo me había puesto algo en el corazón: Yo tenía que pedir esa propiedad, creer que algún día seríamos los propietarios, pero sin decirle nada a nadie al respecto. Ahora la oferta era real y las cosas se estaban haciendo dirigidas por la junta de nuestra congregación. Ellos estaban actuando sin restricciones debido a mi «palabra del Señor», pues no les había hablado de eso.

Pronto la propiedad se puso en reserva. Estábamos por realizar el cierre del trato y yo me regocijaba por el inminente cumplimiento de aquello a lo que me había abierto para recibir y creer... *¡Entonces...!* Entonces el trato quedó fuera del depósito.

Se presentaron cambios drásticos en todas las circunstancias. Nuestra junta no tuvo otra alternativa sino la de retirarse y la puerta se cerró. ¡El milagroso bebé parecía muerto en la matriz!

Yo estaba totalmente confundido.

Después de todo, Dios me había hablado; yo me había abierto a Él por fe; Él había confirmado poderosamente su palabra; toda una congregación se había movilizado hacia la realización de una providencia milagrosa. Entonces... ¡Pum!

Me vi repentinamente enfrentado con una de las circunstancias más exigentes de todo mi ministerio. Aunque no había hecho proclama pública de que «Dios me dijo que tendríamos esta propiedad», ciertamente parecía que su voluntad era que la tuviéramos. Además, dentro de mi corazón, *sabía* que Él me había hablado.

Por lo menos eso era lo que pensaba hasta ese momento.

Entonces surgió la tentación a dudar, y proliferaron las preguntas interiores, marchando y pateando por mi mente.

¿Qué pasó Señor? ¿Realmente te escuché? ¿Era yo que me estaba convenciendo de meterme en algo? ¿No soy más que un tonto engañable que se convence a sí mismo? ¿Hice algo malo? ¿Me conduje con ciega y arrogante presunción? ¿Estábamos alineados con la fe y ahora, de alguna manera, me descarrilé y violé la fe?

La aparentemente ilimitada capacidad de la mente para acosarte y los incansables esfuerzos del adversario para acusarte o condenarte parecen multiplicar esas temporadas de dilema. Pero en medio de todo esto tomé una decisión que abarcaba tres cosas:

1. Tenía que «echar» la propiedad a los pies de Jesús y no asustarme con nada de lo que pasara. Iba a ser cosa suya tenerla o soltarla. Pues entonces la puse bajo su control y la saqué por

completo de las garras de mis preocupados dedos «esperanzados».

2. No trataría de «justificar a Dios» ante nadie. Dándome cuenta que como realmente no sabía por qué las cosas parecían haber sido arrebatadas de nosotros cuando pensamos que las teníamos firmes en la mano, yo no iba a pretender saber ni interpretar el evidente cambio de idea de Dios para nosotros. Aunque suele ser difícil, (especialmente para los líderes espirituales) admitir nuestra falta de omnisciencia, es algo gloriosamente liberador cuando lo hacemos.

VIVIR CON UN MILAGRO
SIGNIFICA MUCHO MÁS QUE
EXPERIMENTAR SU CONCEPCIÓN.
SIGNIFICA DESCANSAR EN LA PROMESA
Y EN EL PODER DE DIOS,
AUNQUE PAREZCA QUE EL MILAGRO
NO NACERÁ.

3. Iba a orar por la propiedad cada vez que pasara por ella, lo que era casi todos los días. Mi oración no era cosa de insistir, aunque sentía que mi oración era un medio que iba a emplear para luchar por rescatar el asunto de alguna potestad que nos la hubiera quitado. Antes

bien, mi oración era una confesión de fe: «Señor, simplemente confío *en Ti,* y simplemente dejo esa propiedad en Tus manos para hacer lo que quieras».

Realmente no sentí que me agarrara un convencimiento de algo fuera de la paz de que Dios era todopoderoso, y que el asunto era suyo. No diré que «yo creía que la recibiríamos». *Creía* que Dios me había impresionado con que sería nuestra, pero ahora no sabía por qué eso no pasaba, o si pasaría alguna vez.

Así que, sencillamente, opté por alabarlo. ¡Después de todo, yo estaba seguro de que Él mismo era mucho más importante de todo lo que, de alguna manera, recibiríamos o creeríamos!

La historia es demasiado larga para contar cómo ocurrió el cambio, pero unas diez semanas más tarde —*sin que hubiera presente promesa alguna de resucitar una posibilidad*— la puerta que se había cerrado, se abrió repentinamente. Nada hicimos para forzarlo y nos asombramos cuando pasó, así que cuando se dio el cambio, hubo dos cosas que pasaron:

- Todos pudieron ver claramente que esto era muy ciertamente algo de la voluntad y designio de Dios.

- Dios recibió la gloria por entero (y un milagroso flujo de caja empezó a entrar, facilitando asombrosamente la compra).

Viviendo con un milagro en el vientre

Vivir con un milagro significa mucho más que vivir su concepción. Significa descansar en la promesa y en el poder de Dios, aunque parezca que el milagro no va a nacer. Significa creer que realmente escuchaste la palabra de Dios para ti, aun «después de que se haya ido el ángel».

Vivir con un milagro aún en el vientre, todavía no manifiesto a nadie sino a ti, exige una comprensión mayor que conocer las obras y acciones de Dios: sencillamente es conocerlo a *Él*.

Mucho más allá de su poder, Él quiere que conozcas *su persona*.

- Conocer la verdad de su Palabra, dominándola por el más sincero de los estudios, no obtiene este conocimiento.

- Entrar en las experiencias más poderosas de los dones y poder de su Espíritu, no logra esta intimidad.

Cualesquiera sean las maravillas que el milagro de María busque presentar en y a través de nuestras vidas, éstas no son los objetivos primarios. La maravilla final es conocer íntima y crecientemente al Hacedor de esas maravillas. Toda mi experiencia con el aparente fracaso de un proyecto, y mis preguntas sobre si había oído o no a Dios, eran refuerzos de este principio.

La meta más grande de Dios para cualquiera de nosotros es *tenernos*. Su poder no es ofrecido para efectuar impresionantes despliegues a través de nosotros (aunque Él esté dispuesto a transmitir su gracia por vasos humanos). Y su poder nunca ha sido prometido para albergar fantasías humanas manifestando lo milagroso para exhibirlo o entusiasmar (aunque sus acciones sean asombrosas).

Nunca.

Antes bien, llegamos a aprender que Dios quiere obrar maravillas porque Él es «lleno de maravilla». Y más que cualquier otra cosa, quiere que lo conozcamos *a Él*, que deseemos su presencia más que su poder, y que busquemos su rostro plenamente, más que esperar ver su «plena fuerza».

Cuando una «especie» de milagro de María empieza en uno de nosotros, con toda seguridad, llegará la hora en que sintamos que volvemos a estar solos; cuando la presencia, el calor y la verdad del Espíritu que vivificaron la promesa de la Palabra de Dios para nuestros espíritus, parecen pasados hace mucho, hasta sujetos a dudas.

Pero hay un remedio seguro para esa «soledad», porque hay una certeza que no cambia. Ahora, como con María, el hecho permanece inconmovible. Sea lo que pase, no estás solo. La promesa sigue siendo verdadera. Y su poder está obrando dentro de ti.

Tomemos estos tres hechos y dejémoslos que te lleven desde el punto de esperar una maravilla al de abrazarlo a Él, quien es maravilloso. Su ángel puede haberse ido, pero Él siempre está ahí.

Todo el tiempo, hasta que nazca su bebé. Y más allá.

Capítulo 12

Sobre el «estilo María» para manejar los milagros

Al contrario de la leyenda popular, los milagros no pasan instantáneamente. Pueden *encenderse* en un momento y hasta *entusiasmar* en su comienzo, pero entendamos bien: Los milagros toman mucho tiempo. Y piden una mentalidad que no sólo crea en los milagros sino que también aprenda a caminar en ellos.

Sin duda podemos abrirnos *al comienzo* de la aceptación de la fe por medio de la entrega total, pero a medida que pasa el tiempo y parece que las cosas se mueven lentamente –si es que se mueven– las preguntas y las dudas parecen, a veces despiadadas, en su busca de renovar nuestra «expectativa».

Así pues, entre Nazaret y Belén, podemos necesitar consejo respecto de las maneras de comportarse para mantener el espíritu de entrega, de fe y de sumisión a la promesa mientras esperamos. Porque, sí, los milagros se toman tiempo.

Tratando con las demoras y las obligaciones

Por ejemplo, ¿cuántas horas supones que llevó pasar por el Mar Rojo cuando fue abierto? Y, ¿cuánta fe piensas que se necesitó para que el último de la multitud pasara adelante, comparado con los primeros? (¿Puedes imaginarte a alguien diciendo, «Me pregunto cuánto tiempo más pueden seguir sostenidas así esas olas?»)

Cualquiera haya sido el gozo sentido por María al recibir el comienzo de su milagro, seríamos descuidados si pasáramos por alto el tiempo que necesitaría o las obligaciones en que ella incurrió. Sólo para resumir unas pocas:

- Ella tiene que llevar un embarazo durante nueve meses hasta el alumbramiento.

- Está el problema de «¿Cómo se lo digo a José?»

- ¿Qué decir ambos a los que son escépticos sobre la discrepancia del tiempo entre su matrimonio y el nacimiento del bebé?

Y luego, hay obligaciones que no podía prever:

- ¿Dónde encontrar «una sala de partos» cuando estás en una ciudad sin lugar para viajeros?

- ¿Qué decir cuando los pastores «recién llegados del campo» se aglomeran alrededor y tú acabas de tener un bebé?

- ¿Cómo «armar una ruta» para escapar de un rey asesino?

Y apreciarás esto (especialmente si has viajado allá):

- ¡¡Cómo alimentar a un bebé sano cuando ambos tienen que beber el agua de Egipto!!

Puede que sonriamos ante algunas de estas obligaciones, pero serias o chistosas, nos recuerdan que un milagro iniciado en un momento establece una senda hacia todo un nuevo ámbito de responsabilidades, como asimismo posibilidades.

Y hay un «estilo de María» para responder a esto.

María ilustra por lo menos tres lecciones primarias, formas en que tú y yo debiéramos ser sabios para notar y aplicar. Una vez que nos abrimos a la gracia y al poder de Dios que obre algo nuevo y maravilloso en nosotros, estos principios pueden ayudarnos a llevar nuestro milagro «a término completo, hasta el alumbramiento», como asimismo a cuidar la cosa maravillosa que Dios nos da.

Servir el milagro de otra persona

Lección uno: El estilo de María para responder a la promesa de un milagro empezado en tu vida, significa encontrar cómo puedes servir en medio del milagro que Dios está obrando en otra persona.

El viaje de María a la casa de Elisabet puede interpretarse en dos formas —o una combinación de ambas. No sabemos si ella esperaba sencillamente salir un poco de la ciudad, *hasta asimilar todo esto;* o si ella estaba pensando *mejor que vaya a pasar un tiempo con mi prima mayor Elisabet; estando embarazada, a su edad, ¡no le vendría mal la ayuda de una amiga!* Es más que probable que ambos asuntos intervinieran en su decisión.

Tal como examinamos antes, lo que pasó cuando ella llegó a la casa de Elisabet, queda claro que el propósito de Dios para el viaje de María era tanto para su beneficio como para el de Elisabet. Pero hay mucho que decir del «corazón» que ella manifiesta yendo donde vivía su prima. El ángel no le da la orden específica de que María vaya y ayude a Elisabet, sino que sólo menciona que ella también espera un niño.

La Biblia dice que María se quedó ahí por casi tres meses, hasta que el bebé de Elisabet nació. La inmediatez de su ida a ayudar, y la duración del tiempo que pasó con Elisabet —justo hasta el nacimiento de Juan— nos dan una idea del carácter de María. Ella estaba, por lo menos, tan lista para servir al milagro de otra persona como para acoger bien el suyo propio. No cuesta imaginar una multitud de formas en que la mujer más joven haya podido trabajar en la casa, ir al pozo a traer agua, comprar en el mercado. Su prima era de bastante edad y el término de su embarazo estaba bien avanzado, por lo que podemos imaginar lo que pueden haber significado la diligencia y el amante servicio de María para su prima mayor, asegurando el éxito del embarazo de Elisabet.

No tenemos registros de nada más que unas pocas palabras —«tres meses»— pero no cuesta imaginar algo de las conversaciones privadas que tuvieron lugar entre las dos mujeres.

María y Elisabet fueron, ambas, receptoras de embarazos insólitos y maravillosos, muy diferentes pero muy parecidos. Pero el de Elisabet había empezado primero y ella era también una mujer mayor, con más experiencia de la vida. Bien haremos en contemplar el beneficio de María de —como asimismo el servicio a Elisabet, pues nada me ha ayudado más en el curso del tiempo que el privilegio de aprender de la gente cuyo «milagro» está mucho más avanzado que el mío.

Pasar tiempo con aquellos que han caminado el camino de la fe antes que tú, aunque tú, como María, tengas la ventaja de una posición o privilegio mayor, es esencial para nuestro crecimiento en sabiduría. Aprendí algo de esta verdad hace unos pocos años.

Cuando Dios empezó a expandir tan extraordinariamente la congregación que pastoreo —realizando «la gran obra» que había prometido— decidí, tiempo después, formular dos pedidos especiales. En momentos separados invité a dos hombres, ambos una generación mayor que yo, para que vinieran y me ayudaran.

El doctor Vincent Bird y el reverendo Maurice Tolle iban, cada uno, derecho a jubilarse. Lo que podríamos llamar los «años milagro» de sus ministerios más activos, fueron cediendo camino a aquellos años de cosecha que esperan a los mayores llenos de fe, que saben que Dios nunca termina de obrar sus maravillas en y a través de nuestras vidas.

Vincent fue mi primer obispo y Maurice fue el pastor que predicaba la noche en que recibí a Cristo, cuando era un niño de diez años. Ambos hombres eran como padres para mí, y ambos me habían precedido por décadas en la exigente tarea del ministerio pastoral.

Mi primera preocupación fue mostrarles mi afecto por ellos; rendirles respeto por su servicio al reino de Dios, como también darles las gracias por la bendición que habían sido para mí. Luego, el invitarlos a un cargo de jubilado de media jornada era una oportunidad para dar un uso más significativo a sus dones. Por un lado, nos asignamos el aporte para su mantenimiento, asegurando que fueran cuidados a medida que aumentaran sus últimos años; por el otro, aproveché la «sociedad» con ellos para orar, así como su fructífero servicio y el simple hecho de que «estuvieran ahí».

Más que todo lo que nosotros hubiéramos podido proporcionarles a ellos, me interesaba en aprovechar la experiencia, la sabiduría y el consejo que ellos podrían darme. Aunque ninguno de ellos había pastoreado una iglesia mayor de quinientos miembros (y por razón de la «gran obra» de Dios, yo estaba sirviendo con más de cinco mil), supe que la sabiduría no se mide por los sistemas humanos cuantitativos. El milagro de María resultó tener un impacto de mucho mayor alcance que el de Elisabet, pero María sabía claramente el valor de una socia mayor, como también la corrección de servir a sus necesidades.

Como María, yo necesitaba el aliento profético y la compañía consoladora de alguien más maduro, que hubiera estado viviendo con un milagro por más tiempo que yo. Maurice me bendijo hasta su reciente partida a casa, este año, a la edad de ochenta y cinco, mientras que «Doc Bird», como le llamamos afectuosamente, sigue siendo una reserva constante de afecto y apoyo a la edad de ochenta y dos.

El «estilo de María» funciona; puedo atestiguarlo. Sí, lo que María estaba viviendo era mucho más grande que lo recibido por Elisabet: El Mesías excede a su predecesor. Pero al servir a su «gracia mayor en milagro», María apunta el camino para ti y para mí. Servir al milagro de otra persona no solamente nutre tu fe con fuerza para llevar el tuyo propio, sino también, puedo asegurarte, ganarás consuelo y sabiduría más allá de todo lo que podrías acumular alguna vez solamente por tu cuenta.

Cantar al Señor

Lección dos: Recibe una canción para cantar: Es el estilo del Espíritu Santo para cultivar el gozo del Señor, y eso es un secreto para regenerar nuestra fuerza espiritual día a día.

Una docena de temas están en el cántico que María canta en Lucas 1:46-55: Temas de gozo, humildad, victoria, prueba, promesa y así por el estilo. Todos tienen un tiempo y lugar para que nos los apropiemos. Nos necesitaremos unos a otros en un momento u otro, a medida que entremos y prosigamos nuestro caminar con Dios, en y hacia sus propósitos en nuestras vidas.

El cántico de María merece nuestro escrutinio, pero no voy a hacerlo por ti. En cambio, tal como te has abierto para recibir el comienzo de la buena gracia de Dios haciendo nuevas maravillas en ti, date tiempo para sentarte a solas con Lucas 1:46-55, para meditar los versículos al irlos tomando estrofa por estrofa. Sobre todo, fíjate en las palabras inspiradoras de confianza que, repetidamente, se enfocan en el gran hecho central: *«¡Dios es la fuente de mi milagro!»* Deja que tu corazón sea constantemente afirmado por esa verdad y aprende a *cantarla*.

Dar a luz un milagro hará pasar al alma por temporadas de agotamiento, de desconsuelo, de crítica, de vulnerabilidad a la depresión y más. Estos son todos síntomas comunes de un embarazo físico normal; así que no te sorprendas por el paralelo de tu «clase» de experiencia de milagro de María. Pero sea que tu «camino de maravilla» parezca algo menos que maravilloso, cuando estés agobiado, tenso o descorazonado en razón de las más simples realidades de la vida o sus ataques más difíciles, ¡el «estilo de María» para manejar tales tiempos es cantar!

- Mantiene a mano un himnario y repasa las letras (hasta memoriza algunas) pues los himnos más durables son aquellos que tienen el poder de hablar de la promesa y esperanza de Dios en los momentos más atribulados que la gente ha enfrentado.

- Lee en el libro de los Salmos, *cada día*. La gama completa de las emociones humanas, desde el éxtasis a la angustia, se expresa aquí. Y dinámicamente renuevan la esperanza con la confianza de que la presencia del Señor permanecerá con nosotros. La conclusión extraída habitualmente es que «en todo ello» Dios estará allí sin falta, y «más allá de todo ello» tú triunfarás.

- Deja que la música llene tus oídos, sea en tu casa o en tu automóvil. Mantén una atmósfera de fortalecimiento del gozo escuchando colecciones de música de alabanza. ¡Y canta con ellos! Aunque no te sientas con ganas de cantar o dudes de tu talento, canta. «Otra vez digo: ¡Regocijaos!» (Filipenses 4:4).

- Escribe tu propia canción. No tiene que ser rítmica, lírica o musicalmente perfecta —ni siquiera compartida con alguien. Pero canta tus sentimientos de gracias a Dios, «cantando con gracia en vuestros corazones al Señor» (Colosenses 3:16).

Hay un hecho lleno de poder en ese último texto. Pablo enseñaba a los colosenses que la palabra de Dios se encarna «ricamente» —esto es, provechosa y crecientemente— mientras unimos nuestra canción a su promesa. Así que, ¡hazlo! Como María lo hizo, deja que tu canción se vuelva un medio práctico para sostener el gozo y la fuerza del Señor, hasta que tu milagro llegue a su tiempo de alumbramiento.

Mantenerse sencillo de alma

Lección tres: Líbrate de la presión de «saberlo todo y explicarlo todo». Deja sencillamente que Aquel que empezó el milagro en ti lo procese por su poder y para su gloria.

Una encantadora simplicidad fluye continuamente de la narración de los evangelios donde participa María. Ella deja sencillamente que Dios haga lo que Él es capaz de hacer y a medida que el milagro en ella sigue adelante, el Señor se encarga completamente de su propuesta obra en ella, sin que María necesite explicaciones o autodefensa. Más adelante, veremos esto en el relato:

- En la forma que el Señor revela a José la santa fuente del embarazo de ella, aliviando a María de la necesidad de persuadirlo o protegerse. (Así pues, puedes dejar que Dios convenza a los demás de lo que Él está haciendo en ti; no aceptes la carga de ponerte a comprobar por ti mismo o de defenderte).

*L*OS MILAGROS DE MARÍA
SON UNA CLASE DE COSA QUE DIOS
QUIERE HACER EN MULTITUD DE
PERSONAS, PARA TRANSFORMAR UN
MUNDO LLENO DE CIRCUNSTANCIAS
NECESITADAS. Y TÚ Y YO SOMOS
PRIVILEGIADOS PARA DECLARAR

NUESTRA CANDIDATURA PARA TALES
GRACIAS, SI ESTAMOS DISPUESTOS A
ABRIRNOS A ÉL EN SUS CONDICIONES.

- En la manera en que ella responde cuando
  vienen los pastores con el informe de los ángeles. María no les dice con aire de suficiencia,
  «Ya lo sabía», como para afirmar su rol o
  conocimiento superior. Ella sencillamente
  «guardaba todas estas cosas, meditándolas en
  su corazón» (Lucas 2:19). (Así que somos sabios al aprender a quedarnos tranquilos en
  medio de las gracias maravillosas de Dios, sin
  caer en la trampa de la pretensión o de la
  propia importancia).

Hay una forma correcta de llevar un milagro, una
manera que mantiene inmaculada la gloria de Dios
sin que alguien venga a clamar ser siquiera levemente responsable por ello. La sabiduría humilde
y llana de María merece nuestro recuerdo como
también su revisión. Si aceptamos un embarazo en
el propósito de Dios para nuestras vidas, tenemos
que recordar la manera de llevarlo.

Los milagros de María son una «clase de cosa»
que Dios quiere hacer en multitudes de personas
para transformar un mundo lleno de circunstancias
necesitadas. Y tú y yo somos privilegiados para
declarar nuestra candidatura para tales gracias, si

estamos dispuestos a abrirnos a él en sus condiciones.

Pero cuando lo hagamos, recordemos también el estilo de María para llevar el milagro. Aprende a *servir, cantar* y a mantenerte *sencillo de alma*.

Y, en conclusión, puedo pedirte una cosa más. Permite que te pida que hagas algo, teniendo la sumatoria de estas lecciones en tu corazón, Por favor, contesta el teléfono.

Capítulo 13

Hay alguien en el teléfono

Raissa estaba descorazonada si es que no desesperada.

Después de más de tres años de matrimonio ella no había sido capaz de concebir, y su profundo deseo de tener un bebé se tornaba una frustración cada vez más profunda.

Ella y Don habían pedido la oración de amigos en muchas ocasiones. Entonces, un domingo, después de la iglesia, ella se acercó a pedir oración especial.

La oración que produjo sanidad

En muchas situaciones se ha pedido a los ancianos de nuestra congregación que oren por parejas que no han sido capaces de tener hijos. A menudo, como en el caso de Raissa, hay problemas fisiológicos y la oración es más por sanidad que por embarazo.

Nunca hemos clamado que «tenemos un don» de orar para que nazcan los bebés, pero en una cantidad más bien notable de instancias, la esterilidad evidente o alguna otra dificultad ha sido superada, por la gracia de Dios, por medio de la oración contestada. Así que ese día en que ella lo pidió, yo puse mi mano en la cabeza de Raissa y oré por ella en el nombre de Jesús: «Señor, cumple el deseo del corazón de esta mujer».

En el momento yo ignoraba su problema exacto. Sin embargo, después supe que su doctor había diagnosticado un bloqueo de ambas trompas, lo que fuera de un procedimiento quirúrgico, la incapacitaban para siempre para tener hijos.

Don era un estudiante del seminario, terminando sus estudios para ingresar al ministerio presbiteriano, y él y Raissa habían estado asistiendo a nuestra iglesia por más de dos años. Así que dado el tamaño mucho menor de nuestra congregación en aquellos tiempos, no fue difícil organizar un almuerzo en que Raissa fuera la anfitriona y al cual me invitaron con Anna varias semanas después.

Mientras tanto, luego de orar por ella, Raissa me escribió: «Pastor Jack» decía la nota, «cuando usted terminó de orar por mí, dijo muy específicamente: "Vas a tener un bebé". Le escribo simplemente para preguntarle: ¿Dijo eso solamente para consolarme o porque sintió que el Señor lo impulsaba a ello?»

No me ofendió su pregunta, pues la joven tenía un corazón tierno y un espíritu dulce. Entendí, e inmediatamente, al recibir su carta, fui a mi escritorio a escribirle, a mano, una nota de respuesta.

Me expresé basado en el firme impulso del Espíritu Santo en el momento en que oramos. Fue fácil asegurarle que no estaba inventando un sentimiento ni jugando con una idea de origen humanitario. La participación de ella y Don en la familia de nuestra iglesia ya les había enseñado que no nos metemos en tal obra de suposiciones.

Pero de todos modos ella era una muchacha muy ansiosa, que anhelaba desesperadamente ser madre y estaba «comprobando» cada cosa. Le escribí: «No, Raissa; no estaba "sencillamente consolándote" sino que creo que las promesas de la Palabra de Dios tienen un poder que es para ti como asimismo para muchos otros».

¿Una llamada telefónica divinamente concertada?

Había llegado el día del almuerzo.

Anna y yo llegamos poco después del mediodía al pequeño apartamento de esta amorosa pareja, en Pasadena, cerca del seminario. La sala estaba brillante y aireada, las cortinas oscilaban levemente en la brisa temprana de la tarde, que las ventanas abiertas nos permitían disfrutar. En unos pocos minutos estuvimos sentados a la sencilla mesa, aunque bellamente puesta; Raissa había arreglado bondadosamente todo para adaptar la hora de almuerzo a nuestro apretado horario.

Muy pronto la conversación se centró en el asunto que estaba constantemente en la mente de nuestra anfitriona. No había desagrado en su tono, solamente un ferviente anhelo, uno compartido por Don también.

Mientras hablábamos de nuestro intercambio de cartas, sonó el teléfono. Don, siendo el más cercano, levantó el receptor y contestó. Lo que siguió se ha vuelto uno de los momentos más memorables de las vidas de ambas parejas de ese almuerzo.

La cara de Don parecía perpleja por lo que le estaban diciendo desde el otro lado de la línea; entonces, respondió: «No, no es tu papito», dijo con amabilidad, «Creo que marcaste mal el número».

Colgó y, con una extraña expresión cuestionadora en su rostro, explicó: Era un niñito que sólo dijo: "¿Es mi papá?"»

Exactamente, mientras él decía esas palabras, la presencia del Espíritu Santo inundó mi alma. Me sentí compelido a decir algo que sentía que Él estaba impresionando fuertemente en mi corazón y mente.

—Don y Raissa, ustedes saben que no soy fanático, pero tengo que decirles lo que el Señor me está dando ahora mismo.

UN MILAGRO ES UNA INVASIÓN DE LA
TIERRA CON LAS OBRAS Y LA GRACIA DEL
PODER, EL AMOR Y LA VIDA DEL CIELO.
ESTOS MILAGROS ESTÁN ESPERANDO EN
LAS ALAS, ALGUNOS DE ELLOS QUIZÁ
ANUNCIADOS
POR MEDIO DE ESTE LIBRITO,
MIENTRAS EL ESPÍRITU SANTO PUEDA
USARLO PARA HABLAR.
QUIZÁ A TI, QUIZÁ AHORA.

Se podía sentir la presencia de Dios en la sala. Los cuatro percibimos que estábamos viviendo juntos un insólito momento. En el medio de una conversación más bien cotidiana, pareció que el amor de Dios había entrado para formular un anuncio.

—Estoy seguro —continué—, que quien haya sido ese niñito, marcó mal el número, hablando humanamente. Pero el Señor quiere que sepas que *Él* arregló que la llamada te llegara, porque está diciendo: «¡Don, *¡eres un papito! ¡Raissa, tendrás* un bebé!»

La confirmadora sensación de la cercanía del Señor era tan próxima que ninguno de nosotros necesitó explicar nuestra prontitud para creernos unos a otros. Ninguno de nosotros éramos ni somos criaturas crédulas, pero el Dios de toda vida y amor había empapado el escenario en forma tal que todos supimos que Él nos había hablado, y fuimos llevados a una alabanza en oración por la sensación de cercanía que sentimos respecto de su promesa de «hacer cantar a la estéril» (ver Isaías 54:1).

¡Dos semanas después el doctor declaró embarazada a Raissa!

De hecho, fue entonces cuando supo que ya había concebido —antes del almuerzo que Anna y yo pasamos con ellos ¡Don ya era un papito cuando llegó la llamada!

Cuando ambos me encontraron en la iglesia pocos días después de su cita con el obstetra, lo pasamos maravillosamente bien, riendo por las maneras especiales, hechas a la medida, de nuestro precioso Señor.

Ninguno de nosotros tenía ideas supersticiosas de que la llamada fuera de una vocecita celestial, dando la noticia anticipada, pero los dedos de *un* niñito se equivocaron al marcar un número por designio divino: de eso estoy seguro. Y dos corazones saltaron por la promesa ese día, mientras otros dos más se regocijaban por fe. Y dos cosas más:

Su bebé fue un varón.

Y lo llamaron Isaac.

Es una clase de profecía

Quería dejar la historia de Don y Raissa para el final de este libro. Es una gran historia porque tiene tantos elementos de las mismas cosas de que hemos estado hablando:

- La gente *siente* anhelos que parecen estar sin contestar.

- La gente *se desespera*, se descorazona o se frustra.

- Los problemas *bloquean* realmente las posibilidades.

- Las oraciones *son* elevadas, pero parece que tardan tanto en ser contestadas.

- Dios *habla* y nos pide que creamos que Él realmente lo quiere.

- *Se dan* señales aunque, a veces, extrañas y maravillosas.

- El Espíritu Santo *se mueve* para confirmar y dar fe.

- Los milagros de María *ocurren* aunque no siempre llegan como bebés.

La experiencia de Don y Raissa es una clase de profecía para todos nosotros, en su propia forma. «Habla» —dice las mismas cosas que dice la Biblia, y por eso es creíble. Y todo este librito ha sido escrito para instarte a creer también.

Tú y yo enfrentamos un riesgo cultural por tener tanta información, recursos para estudiar, sermones, cintas grabadas y libros disponibles hoy. En algunos aspectos estamos inundados con tantos de estos valiosos recursos que algo erróneo se ha concluido. Y aunque en otras partes del mundo no haya tanta abundancia de materiales disponibles, esta equivocada filosofía está asimismo muy presente. Muchos creen que *estudiar* es *saber*.

- La gente piensa así sobre la información.

- Los cristianos piensan de esa forma sobre la verdad.

- Tú y yo podemos pensar de esa manera sobre la Biblia.

Pero no es así.

Estudiar la Biblia, aprender la verdad o leer un libro —incluso este— puede ser un valioso ejercicio para expandir tu base de información espiritual. Pero *estudiar* y *saber* son dos cosas diferentes. La primera es una ocupación "informacional", la segunda debe ser "encarnacional". La primera trata hechos como mercadería; la segunda, con la vida en su intimidad.

«Conoció Adán a su mujer Eva»[1]

Esa es la sencilla manera con que la Biblia informa la experiencia de dos personas, que resultaría luego en el nacimiento del primer hijo de este planeta. La palabra «conoció» está usada en esa manera, no como un eufemismo «porque Dios podría avergonzarse demasiado si usara una palabra más directa», sino porque en hebreo (*yada'*) y griego (*oida*) «conocer» siempre ha significado más que la mera ganancia y retención de información.

Cercano y personal

Este particular uso del verbo «conocer» se refiere a un envolverse íntimo, intrincado, encarnacional: ponerse «cerca y personal», y dar carne a la vida por medio de la dinámica del amor que así se expresa. Así es que Dios nos llamó a ti y a mí a *conocer*:

- «Conocer» las promesas de Dios y creerlas, porque somos íntimos con el Dador en quien *confiamos*.

- «Conocer» el Espíritu de Dios y recibir sus obras más plenas y profundas porque *lo queremos* como Dador de Vida.

- «Conocer» al Hijo de Dios y concebir su novedad y propósito expansivo por dentro, porque *lo amamos* como Amo.

Los milagros de María están disponibles por todas partes hoy. He corrido el riesgo de decirlo, aunque unos cuantos teólogos suelan forzar elaboradas definiciones de lo milagroso, definiciones que parecen poner a Dios en la posición de darlos a regañadientes, repartiendo milagros sólo con parsimonia y, aun hasta con renuencia.

Pero he propuesto una esperanza que creo es la intención de Dios; una esperanza que confío este mensaje ayude a inspirar. He propuesto «milagros expectantes» teniendo en mente esta definición: Un milagro *es una invasión de la tierra con las obras y la gracia del poder, el amor y la vida del cielo*.

Y creo que las promesas de Dios revelan que una abundancia de estos milagros espera en las alas, algunos de ellos quizá anunciados por medio de este librito, mientras el Espíritu Santo pueda usarlo para hablar. Quizá a ti, quizá ahora.

Te estoy invitando que lo escuches a Él hablar, y a que acojas la certeza del amor de Dios para ti. Y te insto a que «te pongas a esperar» con la confianza en sus promesas, mientras permites plenamente que su Espíritu se mueva sobre ti. Ahora.

Hay una promesa que Él te susurra.

Hay un sueño que Él te da y no puedes huir de sentir que «¡es realmente *Dios* quien me dice esto!»

Así que, ¡recíbelo! No tengas miedo, pues Dios es capaz de dar todo lo necesario para cumplir su Palabra, y Él desea plenamente incrementar su gozo y fructificación en *tu* vida. Así que, ábrete de par en par, con fe, y prepárate para seguir adelante con gozo.

Hay alguien en el teléfono.

Para ti.

APÉNDICE

Preguntas para pensar

Capítulo 1

1. ¿Captas el paralelo entre la concepción milagrosa de María y la prontitud de Dios para hacer que su Palabra de promesa pase en ti?

2. ¿Puedes acordarte de un momento en que te enfrentaste con la posibilidad de que Dios te «embarazara» con una promesa de su Palabra?

3. ¿Cómo cambió tu vida ese suceso?

4. ¿Algún aspecto de tu vida necesita hoy un «milagro de María»?

5.   ¿Estás abierto para pedirle a Dios ese milagro?

6.   ¿Qué factores podrían impedir que alguien lo haga?

Capítulo 2

1.   ¿Alguna vez sientes que has oído «la voz» de Dios, o un oír de Dios es un concepto nada familiar para ti?

2.   ¿Han habido veces en que estás inseguro si la voz que oíste era la de Dios, la tuya, o posiblemente la de un espíritu engañador?

3.   ¿Cuáles son algunos pasos que puedes dar para ayudarte a determinar de quién es la voz que estás oyendo? ¿Puedes pensar de casos bíblicos en que Dios hable a la gente? ¿Cuántos?

4.   ¿Han habido veces en que has desechado lo que pudiera haber sido la voz de Dios solamente como cosa de tu imaginación, sencillamente porque el tiempo o lugar parecían inapropiados?

5.   ¿Es posible que te hayas perdido la voz de Dios en ocasiones porque te consideraste indigno de oír de Él?

Capítulo 3

1.   ¿Qué significa para ti la declaración: «No hay milagros sin el milagro de María?

2.   ¿Por qué el «milagro de María» es el «milagro manantial»?

3.   Cuando Dios empezó el milagro de María en tu vida, ¿qué pensaste que era su propósito definitivo?

4.   ¿Cómo cambia tu vida el saber que tú, al igual que María, has sido «elegido» por Dios?

5.   ¿Qué significa en tu vida la «continua maravilla» de los propósitos redentores de Dios?

Capítulo 4

1.   ¿Cómo afecta tu pensamiento al retratar a María más como una joven corriente?

2.   ¿Por qué piensas que lo «corriente» de la concepción de María ha sido tal piedra de tropiezo para muchos?

3.   ¿Por qué supones que Dios no eligió un escenario más elegante para el nacimiento de su Hijo?

4.   ¿Hay aspectos de tu vida en que te sientes limitado por «lo corriente», como impotente o nada prometedor como era lo de María?

5.   Aunque virgen, el vientre de María estaba manchado por el pecado de la raza adánica; sin embargo, Dios habló vida y promesa en ese vientre. ¿Afecta esto tu percepción de los aspectos de tu vida en que luchas con el pecado?

Capítulo 5

1. María es tratada de «muy favorecida». ¿De qué forma es eso también verdadero de ti?

2. ¿Qué nos enseña la asombrada respuesta de María al anuncio del ángel, sobre nuestra propia respuesta a los mensajes de Dios para nosotros?

3. ¿Cuáles han sido los momentos en que te has asombrado por las obras de Dios en tu vida?

4. ¿Cómo aumentaron esos momentos tu entendimiento y aprecio de la gracia?

5. ¿Cómo puedes abrirte más plenamente a las obras de gracia de Dios en tu vida actual?

Capítulo 6

1. Si la inocencia o la virginidad fue un punto de la vida de María, ¿cómo afecta esto nuestra habilidad para recibir el milagro de María en nuestras propias vidas?

2. ¿Cuáles son las tradiciones religiosas que han nublado tus percepciones sobre María en el pasado, impidiéndote compararte con ella como «persona real»?

3. ¿Dónde ha bloqueado la condena de pecados y fallas pasados tu habilidad para permitir las obras milagrosas de Dios en tu vida?

4. Enfocándote en las promesas de Dios y en su poder, más que en tus propias limitaciones

humanas, ¿cómo cambia esto tu enfoque de tus circunstancias actuales?

Capítulo 7

1. ¿Hay un aspecto particular del pecado o tentación en tu vida con el cual lleves mucho tiempo luchando, solamente para desesperar de hallar victoria alguna vez?

2. ¿Cómo ha estorbado tu camino cristiano esta lucha y desesperación?

3. Cuando tratas de aceptar el hecho de que Dios te considera santo, ¿te cuesta hacerlo?

4. ¿Has considerado la posibilidad de que estés tratando con una atadura debido a pecados pasados (aunque perdonados)?

5. ¿Cómo te puede ayudar a liberarte de esta atadura el principio de Santiago 5:16?

Capítulo 8

1. ¿Qué «bebés sorpresa» ha dado a luz Dios en tu vida?

2. ¿Cómo fuiste cambiado por eso?

3. ¿Cómo fueron afectados los demás por estos «nacimientos»?

4. ¿Puedes pensar en algún «anuncio» angelical que haya anticipado la llegada de estos nacimientos?

5. ¿Cómo puedes cultivar mejor tu habilidad para «escuchar a los ángeles» de modo que no te pierdas su próximo anuncio para ti?

Capítulo 9

1. ¿En cuáles ocasiones de tu vida has experimentado anuncios angelicales de inminentes nacimientos, sólo para mirarte a ti y tus limitaciones, preguntando: ¿«Cómo será esto»?

2. ¿Cómo cambió tu perspectiva de la situación, a medida que empezaste a cambiar tu enfoque desde ti a Él?

3. ¿Qué situaciones y circunstancias usó Dios para ayudarte a cambiar tu enfoque desde ti mismo a Él?

4. ¿Qué respuesta sientes en ti mismo cuando repasas la lista de los personajes bíblicos cuyas experiencias de quiebre los involucró emocionalmente?

Capítulo 10

1. Considera el monto de agrandamiento que Dios ha tenido que hacer para traer tu fe al punto de concebir. ¿Cuánto más supones que tendrá que estirarte para llevar a término de alumbramiento a este «bebé»?

2. ¿Estás dispuesto a soportar la posible incomodidad e inconvenientes del embarazo con el

milagro de María de Dios en tu vida? De no ser así, ¿qué te lo impide?

3. ¿Hay algo que puedas hacer para ayudarte a superar tu renuencia, moviéndote a un lugar de entusiasmada expectativa?

4. ¿Puedes identificar momentos en que la imprudencia haya arruinado o abortado un milagro de María en progreso en tu vida?

Capítulo 11

1. ¿Puedes relacionarte por tu experiencia personal con el posible cuestionamiento y dudas de María cuando se fue el ángel?

2. ¿Cuáles señales, si las hubo, puedes recordar de comienzos de tus embarazos con milagros de María que, en realidad, no fueron «señales» en absoluto?

3. ¿Cómo combatiste esas «no señales en absoluto» que amenazaron con arrastrarte a la incredulidad y desesperación?

4. ¿Has cruzado alguna vez el límite entre ser tentado a dudar y ceder a esa duda al punto que se abortó una obra «clase» milagro de María dentro tuyo?

5. ¿Cómo puedes soportar o resistir mejor la tentación de ceder a la duda durante futuros «embarazos» del tipo milagro de María?

Capítulo 12

1. ¿Cuáles son algunas de las demoras y estorbos que has experimentado durante momentos de esperar que las promesas de Dios lleguen a cumplirse en tus circunstancias?

2. Además de las nuevas posibilidades abiertas para ti como receptor de las promesas de Dios, ¿aceptaste algunas responsabilidades u oportunidades nuevas para servir?

3. ¿En qué formas has hallado ocasión para servir el milagro de otra persona mientras esperas el alumbramiento de tu propio milagro de María?

4. ¿Puedes pensar en momentos en que el Señor te ha fortalecido cuando cantabas a Él o acerca de Él? ¿Qué has visto en este capítulo que haya acelerado tu voluntad de cantar?

5. Resume aquellas aplicaciones que puedas hacer en tu propia vida, viendo las respuestas en nada autodefensivas ni autoverificadoras de María.

Capítulo 13

1. ¿En cuáles aspectos de tu vida puedes haber experimentado una especie de «esterilidad» que te impide concebir las promesas de Dios?

2. ¿Hay tiempos de tu vida en que las seguridades de Dios, dadas a ti por medio de otras personas,

se han estrellado contra tus dudas que dicen:
«Esta promesa no puede ser para mí"?

3.   ¿Puedes pensar en ocasiones de tu vida en que
has recibido una «llamada telefónica» oportu-
na de Dios, sólo para desecharla como «equi-
vocación» o «coincidencia»?

4.   ¿Cuáles son algunas de las «citas divinas» que
has vivido y que han cambiado tu vida?

5.   ¿Has tenido momentos en tu vida en que has
pasado de «estudiar» las promesas de Dios a
verdaderamente «conocerlas» a nivel personal
e íntimo?